HISTOIRE

DU

DRAPEAU TRICOLORE

ET

DE LA RÉVOLUTION FRANÇAISE,

Dédiée aux Classes laborieuses ;

PAR M. DESLOGES,

Ancien Militaire ;

CONTENANT

l'Almanach pour l'Année 1839,

AVEC LA CONCORDANCE RÉPUBLICAINE.

ÉPHÉMÉRIDES COMPLÉTANT L'HISTOIRE DE CETTE ÉPOQUE,
QUI EN ABRÉGENT ET FACILITENT L'ÉTUDE.

Cet ouvrage est indispensable aux magistrats, hommes de loi,
aux écrivains, et à tous ceux enfin qui sont obligés de compulser les actes
et les ouvrages de ce temps-là.

PARIS.

CHEZ L'AUTEUR,

RUE CHRISTINE, 8.

—

1839.

HISTOIRE

DU

DRAPEAU TRICOLORE

ET

DE LA RÉVOLUTION FRANÇAISE,

Dédiée aux Classes laborieuses ;

PAR M. DESLOGES,

Ancien Militaire ;

CONTENANT

l'Almanach pour l'Année 1839,

AVEC LA CONCORDANCE RÉPUBLICAINE.

Éphémérides présentant pour chaque jour de l'année
les événemens mémorables, les massacres, fusillades,
mitraillades, noyades, tortures, bûchers
et tous les supplices
mis en usage par les bourreaux des Français.

———

PARIS.

CHEZ L'AUTEUR.

RUE CHRISTINE, 8.

——

1839.

HISTOIRE

DU

DRAPEAU TRICOLORE

ET

DE LA RÉVOLUTION FRANÇAISE.

L'histoire du drapeau tricolore n'a jamais été faite ; et celle de la révolution est complètement à refaire. Cet ouvrage n'est qu'un tableau succinct où j'indique ce double but.

L'homme du peuple a rarement le temps de lire cinquante volumes remplis d'une phraséologie verbeuse dans laquelle les événements et les faits sont presque toujours tronqués ; c'est pourquoi il ignore les plus simples notions de la science politique : aurait-il même le temps de les lire, que souvent il manquerait de courage pour en entreprendre la lecture.

Pour que l'homme de tout âge et de toute condition puisse apprendre la partie la plus remarquable de l'histoire de notre patrie, j'ai rapporté les faits jour par jour sous la forme d'éphémérides.

1

Une table chronologique, placée à la fin de cet écrit, fera comprendre plus facilement les détails et l'ensemble.

Je publie cette histoire sous le titre de **Drapeau Tricolore**, titre aussi juste dans son application que celui d'**Histoire révolutionnaire** adopté par certains auteurs. Les Vendéens désignaient les colonnes incendiaires qui ravageaient la France sous le nom de *Bleues* et de *Tricolores*, etc. A ces époques de terrible mémoire, l'assemblage de ces couleurs constitua le drapeau de la plus impitoyable des factions sous le joug de laquelle un peuple se fût courbé.

Les députés, les fonctionnaires, etc., portaient panache, cocarde, écharpe et ceinture tricolores; on ensevelissait ceux et celles qui mouraient de leur belle mort dans des toiles tricolores; les draps mortuaires étaient tricolores; les citoyens et les citoyennes portaient la cocarde tricolore; la guillotine était tricolore; les piques, les arbres de la *liberté* étaient peints du haut en bas de trois couleurs, et surmontés du drapeau tricolore orné d'un bonnet de galérien, dit de la liberté, ou d'une tête humaine.

Les fervents portaient les bas tricolores, culotte, gilet et cravate tricolores; il y en avait qui poussaient même l'extravagance jusqu'à porter l'habit tricolore; des galériens portaient le bonnet tricolore, et les Jacobins portaient celui des galériens; les déesses de la *Liberté* et de la *Raison* étaient coiffées de ce bonnet; les enseignes étaient tricolores (signe de civisme); le drapeau tricolore flottait en tête des colonnes infernales, commandées par des conventionnels pour ravager les provinces.

L'armée révolutionnaire traînait à sa suite le *rsoir national* (la guillotine), ombragé de drapeaux tricolores. L'armée, la véritable armée, poussa la soumission jusqu'à se laisser imposer le drapeau des égorgeurs d'août, de septembre, d'octobre, de Lyon, de Marseille, de Toulon, de Nantes, d'Arras, d'Orléans, etc., etc.

Lorsque ces jongleurs remettaient leurs drapeaux aux armées, ils disaient : « Soldats, souvenez-vous que ce dra» peau que la nation vous confie est l'image de la patrie et » le *gage de sa liberté*; jurez de vaincre ou de mourir en » défendant ces *nobles couleurs.* »

Ces armées qui faisaient trembler l'Europe pâlissaient à leur tour devant les tyrans de la France, à qui elles livraient Lyon, Marseille, Toulon, et autres villes, pour être décimées. Honte donc aux généraux qui, après avoir soumis ces villes, eurent la lâcheté d'abandonner les habitants à la férocité des bourreaux aux trois couleurs.

Les lois du 4 août 1789 assuraient à la France la liberté; mais les Robespierre, les Danton, les Chaumette, et des milliers d'autres scélérats qui gravitaient autour de ces astres du crime et du cynisme, s'emparèrent du pouvoir et anéantirent cette liberté au nom d'une prétendue constitution libérale; et des écrivains modernes osent publier que les forfaits de ces monstres étaient nécessaires pour consolider l'indépendance nationale !

Maîtres du pouvoir, on les vit s'entourer de tous les ambitieux et gens perdus d'honneur répandus sur la surface de la France. Ils assignaient à chacun d'eux un rôle selon ses capacités : les uns, comme hommes de lettres, égaraient l'opinion publique et entretenaient à tout prix la confusion, l'irritation et l'ignorance politique; tels sont Marat, Gorsas, Carra, Brissot, Condorcet, Louvet, etc., et jetaient les bases de cette école composée d'écrivains qui depuis sont chargés de bonne foi, par calcul ou par inclination, de continuer leurs œuvres.

Les autres se partagèrent les places, les commandements, la direction des clubs. Enfin le plus grand nombre n'ayant de capacités que pour le crime, se firent égorgeurs, provocateurs, dénonciateurs, voleurs, etc., etc., ou hurlèrent, autour des échafauds et des arbres de la liberté, la Marseillaise et autres chants furieux.

Aujourd'hui une foule d'auteurs sans conviction et sans patriotisme se traînent à la remorque des plus méprisables écrivains de cette époque. A l'aide de la phrase, ils obscurcissent effrontément la vérité, et par des arguties insidieuses parviennent, comme leurs devanciers, à tromper la jeunesse, les uns en approuvant, les autres en excusant ou en rejetant sur la prétendue nécessité les cruautés des tyrans de ces jours désastreux ; aussi la vérité menace-t-elle de nouveau d'être étouffée par le mensonge.

Indigné de ce perfide manége, de cette rouerie, de cette mauvaise foi, je me suis décidé, pauvre prolétaire que je suis, d'arrêter, s'il est possible, ce débordement d'exploitation d'ignorance et de crédulité politique des prolétaires mes frères. Pour atteindre ce but, je publie les faits tels qu'ils se sont succédé, et j'ai la certitude de rallier à des sentiments plus justes, plus honorables, tous les Français qui ne sont qu'égarés : l'homme qui abjure ses erreurs et ses fautes fait un acte tellement honorable qu'il a droit à l'admiration de ses concitoyens.

Nous avons partagé notre *Histoire du Drapeau tricolore* en deux parties dictinctes : la première se termine à l'avénement du consulat ; la seconde, qui va faire suite à celle-ci, commence avec lui.

Napoléon, en arrivant au pouvoir, fut sans doute effrayé de l'horreur que devait inspirer un drapeau sous les auspices duquel tant de forfaits avaient été consommés ; aussi le voyons-nous apporter dans sa composition une transformation qui marque une ère nouvelle pour ce drapeau : le rouge du drapeau de 93 est fixé, par une de ces extrémités, au haut du montant ; le blanc est fixé audessous du rouge ; ensuite vient le bleu.

Nota. Lorsque les lieux des exécutions, des assassinats et des événements ne sont pas indiqués, c'est qu'ils ont eu lieu à Paris.

6

. L'ère de la république française commença avec le 22 septembre 1792, jour de l'équinoxe vrai d'automne pour Paris. L'année de cette ère fut composée de 365 jours, divisés en douze mois de 30 jours et suivis de cinq complémentaires ; un 6e jour complémentaire, ajouté périodiquement, faisait les années *sextiles*. Le mois était divisé en trois *décades* de dix jours chacune. Ce calendrier a subsisté moins de quatorze ans ; sa quatorzième année, commencée le 23 septembre 1805, finit le 31 décembre suivant, qui répondit au 10 nivôse an XIV. Un sénatus-consulte, du 21 fructidor an XIII, rétablit le calendrier grégorien, à compter du 1er janvier suivant 1806.

TABLE DE CONCORDANCE DES CALENDRIERS GRÉGORIEN ET RÉPUBLICAIN.

	An II. 1793 — 1794	An III. 1794 — 1795	An IV. 1795 — 1796	An V. 1796 — 1797	An VI. 1797 — 1798	An VII. 1798 — 1799	An VIII. 1799 — 1800
1 Vendém.	22 sep. 1793	22 sep. 1794	23 sep. 1795	22 sep. 1796	22 sep. 1797	22 sep. 1798	23 sep. 1799
15	6 oct. id.	5 oct. id.	7 oct. id.	6 oct. id.	6 oct. id.	6 oct. id.	7 oct. id.
1 Brumaire	22 oct. id.	22 oct. id.	23 oct. id.	22 oct. id.	22 oct. id.	22 oct. id.	23 oct. id.
15	5 nov. id.	5 nov. id.	6 nov. id.	5 nov. id.	5 nov. id.	5 nov. id.	6 nov. id.
1 Frimaire.	21 nov. id.	21 nov. id.	22 nov. id.	21 nov. id.	21 nov. id.	21 nov. id.	22 nov. id.
15	5 déc. id.	5 déc. id.	6 déc. id.	5 déc. id.	5 déc. id.	5 déc. id.	6 déc. id.
1 Nivôse.	21 déc. id.	21 déc. id.	22 déc. id.	21 déc. id.	21 déc. id.	21 déc. id.	22 déc. id.
15	5 jan. 1794	4 jan. 1795	5 jan. 1796	4 jan. 1797	4 jan. 1798	4 jan. 1799	5 jan. 1800
1 Pluviôse.	20 janv. id.	20 janv. id.	21 janv. id.	20 janv. id.	20 janv. id.	20 janv. id.	21 janv. id.
15	4 févr. id.	3 févr. id.	4 févr. id.	3 févr. id.	3 févr. id.	3 févr. id.	4 févr. id.
1 Ventôse.	19 févr. id.	19 févr. id.	20 févr. id.	19 févr. id.	19 févr. id.	19 févr. id.	20 févr. id.
15	5 mars id.	5 mars id.	5 mars id.	5 mars id.	5 mars id.	5 mars id.	6 mars id.
1 Germin.	21 mars id.	21 mars id.	21 mars id.	21 mars id.	21 mars id.	21 mars id.	22 mars id.
15	4 avril id.	4 avril id.	4 avril id.	4 avril id.	4 avril id.	4 avril id.	5 avril id.
1 Floréal.	20 avril id.	20 avril id.	20 avril id.	20 avril id.	20 avril id.	20 avril id.	21 avril id.
15	5 mai id.	4 mai id.	4 mai id.	4 mai id.	4 mai id.	4 mai id.	5 mai id.
1 Prairial.	20 mai id.	20 mai id.	20 mai id.	20 mai id.	20 mai id.	20 mai id.	21 mai id.
15	3 juin id.	3 juin id.	3 juin id.	3 juin id.	3 juin id.	3 juin id.	4 juin id.
1 Messidor.	19 juin id.	19 juin id.	19 juin id.	19 juin id.	19 juin id.	19 juin id.	20 juin id.
15	3 juill. id.	3 juill. id.	3 juill. id.	3 juill. id.	3 juill. id.	3 juill. id.	4 juill. id.
1 Thermid.	19 juill. id.	19 juill. id.	19 juill. id.	19 juill. id.	19 juill. id.	19 juill. id.	20 juill. id.
15	3 août id.	2 août id.	2 août id.	2 août id.	2 août id.	2 août id.	3 août id.
1 Fructider	18 août id.	18 août id.	18 août id.	18 août id.	18 août id.	18 août id.	19 août id.
15	5 sept. id.	1 sept. id.	1 sept. id.	1 sept. id.	1 sept. id.	1 sept. id.	2 sept. id.
5e jour complémentaire.	21 sept. id.	22 sept. id.	21 sept. id.	21 sept. id.	21 sept. id.	22 sept. id.	22 sept. id.

	An IX. 1800 — 1801	An X. 1801 — 1802	An XI. 1802 — 1803	An XII. 1803 — 1804	An XIII. 1804 — 1805	An XIV. 1805.
1 Vendém.	23 sep. 1800	23 sep. 1801	23 sep. 1802	24 sep. 1803	23 sep. 1804	23 sep. 1805
15	7 oct. id.	7 oct. id.	7 oct. id.	8 oct. id.	7 oct. id.	7 oct. id.
1 Brumaire	23 oct. id.	23 oct. id.	23 oct. id.	24 oct. id.	23 oct. id.	23 oct. id.
15	6 nov. id.	6 nov. id.	6 nov. id.	7 nov. id.	6 nov. id.	6 nov. id.
1 Frimaire.	22 nov. id.	22 nov. id.	22 nov. id.	23 nov. id.	22 nov. id.	22 nov. id.
15	6 déc. id.	5 déc. id.	6 déc. id.	7 déc. id.	6 déc. id.	6 déc. id.
1 Nivôse.	22 déc. id.	21 déc. id.	22 déc. id.	23 déc. id.	22 déc. id.	22 déc. id.
15	5 jan. 1801	5 jan. 1802	5 jan. 1803	6 jan. 1804	5 jan. 1805	
1 Pluviôse.	21 janv. id.	21 janv. id.	21 janv. id.	22 janv. id.	21 janv. id.	
15	4 févr. id.	4 févr. id.	4 févr. id.	5 févr. id.	4 févr. id.	
1 Ventôse.	20 févr. id.	20 févr. id.	20 févr. id.	21 févr. id.	20 févr. id.	
15	6 mars id.	6 mars id.	6 mars id.	6 mars id.	6 mars id.	
1 Germin.	22 mars id.	22 mars id.	22 mars id.	22 mars id.	22 mars id.	
15	5 avril d.	5 avril id.	5 avril id.	5 avril id.	5 avril id.	
1 Floréal.	21 avril id.	21 avril id.	21 avril id.	21 avril id.	21 avril id.	
15	5 mai id.	5 mai id.	5 mai id.	5 mai id.	5 mai id.	
1 Prairial.	21 mai id.	21 mai id.	21 mai id.	21 mai id.	21 mai id.	
15	4 juin id.	4 juin id.	4 juin id.	4 juin id.	4 juin id.	
1 Messidor.	20 juin id.	20 juin id.	20 juin id.	20 juin id.	20 juin id.	
15	4 juill. id.	4 juill. id.	4 juill. id.	4 juill. id.	4 juill. id.	
1 Thermid.	20 juill. id.	20 juill. id.	20 juill. id.	20 juill. id.	20 juill. id.	
15	2 août id.	3 août id.	3 août id.	3 août id.	3 août id.	
1 Fructidor	19 août id.	19 août id.	19 août id.	19 août id.	19 août id.	
15	2 sept. id.	2 sept. id.	2 sept. id.	2 sept. id.	2 sept. id.	
5e jour com.	22 sept. id.	22 sept. id.	23 sept. id.	22 sept. id.	22 sept. id.	

1ᵉʳ JANVIER. — 11 Nivôse.

AN DE J.-C., 1839.

AGE DU MONDE, 5839.

Le Printemps commence le 21 Mars.
L'Eté . . . . . 21 Juin.
L'Automne . . . . 25 Septembre.
L'Hiver . . . . . 22 Décembre.

ÉCLIPSES DE SOLEIL :
25 mars et 18 septembre.

ÉCLIPSES DE LUNE :
10 avril et 5 octobre.

D. Q. 7.   N. L. 14.   P. Q. 22.   P. L. 29.

1ᵉʳ. *Mardi.* Circoncision.   11. *Primidi. Granit.*

1793. Décret qui établit un comité de défense générale, devenu depuis comité de salut public, ou plutôt de destruction publique. Ce comité était établi dans les petits appartements du roi, au palais des Tuileries. Le luxe le plus insolent n'était point repoussé par les prôneurs de l'égalité, dans ces Tuileries devenues une véritable caverne du crime. (V. 31 mars, 6 avril.)

2. *Mercredi. S. Basile.*   12. *Duodi. Argile.*

1791. Établissement des contributions foncières et mobilières.

1794. Bô dit aux habitants de Cahors, que la rareté des subsistances alarme : « Rassurez-vous, la France aura assez » de 12 millions d'habitants, nous ferons périr le reste. »

3. *Jeudi. Ste. Geneviève.*   13. *Tridi. Ardoise.*

1795. La Pologne est partagée entre la Russie, l'Autriche et la Prusse, la Convention ne fait rien pour retirer du gouffre ce peuple qu'elle y a précipité.

4. *Vendredi. S. Rigobert.*   14. *Quartidi. Grès.*

1793. Custines fils et Ladeve sont mis à mort par les tricolores.

1798. La paix faite, le Directoire, redoutant la communication de l'armée avec les citoyens, fait, au mépris des traités, envahir la Suisse notre amie et alliée ; livre à toutes les horreurs d'une invasion violente, un peuple bon, loyal, hospitalier, et ravage ce pays par le feu, le fer, le pillage, etc.

5. *Samedi. S. Siméon.*   **15.** *Quintidi. Lapin.*

1793. Exécution du général Luckner.

1794. Décret qui annulle des jugements rendus et par lequel la Convention se rend pouvoir judiciaire.

6. *Dimanche.* Épiphanie.   **16.** *Sextidi. Silex.*

1794. Un tribunal où trois juges ont droit de mort sur tous les citoyens, est établi à Marseille. Depuis le 23 janvier jusqu'au 1ᵉʳ février, ce tribunal fait périr 160 innocents. Le nombre s'élève en peu de temps à plus de 400, dont on a conservé les noms.

7. *Lundi. S. Théau.*   **17.** *Septidi. Mame.*

1715. Cambrésis. Mort du vertueux et immortel archevêque de Cambrai, Fénélon, prince du saint empire, auteur du *Télémaque.*

8. *Mardi. S. Lucien.*   **18.** *Octidi. Pierre à chaux.*

1794. Nantes. La jeune Marguerite ose implorer la grâce de son mari; Carrier la retient près de lui, et ayant abusé de sa position, il la renvoie en lui disant : « Citoyenne, viens ici demain à une heure chercher ton époux, il aura sa grâce. » (V. 9.)

1796. Arrêté du directoire pour faire jouer aux différents spectacles, la *Marseillaise,* l'air *Ça ira* et le *Chant du Départ.* Le même arrêté défend le *Réveil du peuple.*

9. *Mercredi. S. Furcy.*   **19.** *Nonidi. Marbre.*

179 · Nantes. Oh barbarie! la pendule marque une heure, Carrier fait placer à son balcon et près de lui, Marguerite; trente-huit victimes marchent vers la guillotine, au nombre se trouve celui pour qui elle a tout sa-

crifié et pour qui elle donnerait sa vie ; l'infortunée pousse un cri, Carrier la rassure en lui disant : « Je veux voir quelle grimace il va faire ; tout à l'heure il sera libre. » Quelle ironie ! un instant après les trente-huit têtes tombent, et celle de Marguerite fait la trente-neuvième !

1795. Pichegru prend Amsterdam.

10. *Jeudi. S. Paul, évêq.*　　　**20.** *Décadi. Van.*

1797. Les révolutionnaires, habiles dans l'art d'exploiter les peuples confiants et crédules, appellent sous leurs ignobles couleurs les enfants de la Pologne et leur promettent le rétablissement du gouvernement de leur patrie : promesses hypocrites ; 14,000 Polonais périssent dans les combats de 1797 à 1802. En Italie, les événements des 18 avril et 17 octobre auraient dû faire comprendre à ces braves que les tricolores étaient leurs plus cruels ennemis, qu'ils les trompaient ; enfin (en 1802) leur ruine est consommée, on les disperse sur plusieurs points ; 2,000 Polonais, débris de 30,000, sont embarqués pour Saint-Domingue, où ils périssent victimes des combats et du climat.

11. *Vendredi. S. Théodose.*　　　**21.** *Prim. Pierre à plâtre.*

1794. Nantes. 300 femmes, dont plusieurs enceintes, sont conduites sur les bords de la Loire ; une d'elles accouche sur la grève, le bourreau ne lui donne pas le temps de se remettre ; elle est dépouillée de ses vêtements, et, comme ses compagnes, mise nue, son enfant est lié fortement à son corps et toutes sont noyées. (V. 2 nov.)

12. *Samedi. S. Arcade.*　　　**22.** *Duodi. Sel.*

1794. Le conciliant Lamourette paie de sa tête le *crime* d'être modéré et juste. (V. 3 juill.)

1796. Loi portant que les cotisables en retard de payer

les deux premiers tiers de l'emprunt forcé y seront contraints par la saisie et la vente de leurs meubles et effets, sans autre formalité.

13. *Dimanc. Bap. de N. S.*   **23**. *Tridi. Fer.*

1450. Les Anglais sont chassés de France.

1793. Decourchanp fils est massacré par les tricolores.

1794. Les représentants du peuple portent à 36 francs par jour leur traitement ; comme on voit, ces *patriotes* ne fonctionnent pas gratis.

1797. Loi relative au serment de haine à la royauté qui sera prêté tous les ans, le 21 janvier, par tous les fonctionnaires tricolores. Dites qu'ils ne sont pas vindicatifs !

14. *Lundi. S. Hilaire.*   **24.** *Quartidi. Cuivre.*

1795. Le vaillant Charette dicte au gouvernement tricolore les conditions auxquelles il lui accorde la paix. 1º Le libre exercice du culte ; 2º Une rançon de deux millions pour les frais de la guerre ; 3º La possession absolue du territoire ; 4º Le droit de rester armé et un corps de deux mille gardes territoriaux, composé d'habitants du pays, *à la solde des tricolores ;* 5º Des indemnités aux Vendéens spoliés qui sont exempts d'impôts extraordinaires, de levées, réquisitions, etc. (V. 26 fév.)

15. *Mardi. S. Maur, ab.*   **25.** *Quintidi. Chat.*

1794. Boislong, arraché à sa mère malade, par la *levée en masse,* votée le 23 août, pour servir en qualité de capitaine, trace dans une lettre qu'il écrit à sa tante, la crainte de ne plus revoir celle qui lui donna le jour ; il termine avec amertume, *Vive la république !* Cette lettre interceptée est son arrêt de mort ; arrêté à Puycerda, conduit à Toulouse, la hache neuve du bourreau s'ébrèche pour la première fois sur une tête innocente de vingt ans !

16. *Mercr. S. Guillaume.*   26. *Sextidi. Étain.*

1790. Division de la France en 83 départements.

1793. Les tyrans désignent les prisons où gisent leurs victimes sous le nom de *repaire des suspects.* Cette inscription est écrite en lettres d'or au‑dessus de la maison d'arrêt de Blois. La France offre l'image d'un pays conquis par des sauvages, dont Robespierre dirige les mains destructives contre les lumières et la probité.

17. *Jeudi. S. Antoine.*   27. *Septidi. Plomb.*

1793. Exécrable résultat de l'appel nominal sur la question : « Quelle peine infligera‑t‑on à Louis XVI? » Par 359 voix sur 720 votants effectifs, dont la majorité est 361, Louis XVI est condamné à mort, à la *minorité* d'une **voix.**

1794. Décret qui règle l'emploi du linge provenant du pillage des églises.

18. *Vendr. Cha. S. P. à R.*   28. *Octidi. Zinc.*

1798. Nouvelle insurrection en Corse : le général Vaubois veut la réprimer; mais le peuple taille son armée en pièces.

19. *Samedi. S. Sulpice.*   29. *Nonidi. Mercure.*

1793. Sur la proposition de Cambacérès, la Convention décrète que le jugement de Louis XVI sera exécuté dans les vingt-quatre heures de la notification qui lui en sera faite.

20. *Dimanche. S. Sébastien.*   30. *Décadi. Crible.*

1709. Mort du père La Chaise, confesseur de Louis XIV.
1791. Les tricolores pillent un grand nombre de boutiques.
1793. M. de Malesherbes instruit le monarque de la

décision de la Convention qui l'envoie à l'échafaud. Louis paraît plus affecté de la douleur du vieillard que du sort qui l'attend. Cependant il ne peut s'empêcher de s'écrier : « Oh mon Dieu ! était-ce donc là le prix que je devais at- » tendre de tous mes sacrifices ? n'avais-je pas tout tenté » pour le bonheur des Français ? »

21. *Lundi. Ste. Agnès.*   *Pluviôse. 1. Prim. Lauréole.*

1784. Les malheureux, secourus par Louis XVI pendant l'hiver, lui élèvent sur la place de Louis XV un immense obélisque avec de la neige.

1790. Guillotin propose à l'Assemblée nationale l'établissement de la guillotine.

1791. Un bijoutier est poignardé au Palais-Royal par une quarantaine de tricolores.

1793. Mort de Louis XVI. Fils de saint Louis , montez au ciel ! Un cri d'indignation et d'horreur est l'écho qui répond à la joie dégoûtante et effrénée des tricolores ; la république hollandaise elle – même , par son attitude , prouve à ces cannibales combien elle les trouve vils et exécrables. Ce meurtre n'est que le prélude du régime de sang qui va suivre.

1794. M. Quatremère, marchand de draps , est guillotiné.

22. *Mardi. S. Vincent.*   *2. Duodi. Mousse.*

1794. M. Bernard , député, est guillotiné. — Décret qui porte que dans toutes les communes où l'arbre de la *liberté* a péri, il en sera planté un autre.

23. *Mercr. S. Ildephonse.*   *3. Tridi. Fragon.*

1795. Prise de la Haye par Pichegru.

— Le thermomètre marque seize degrés de froid.

1798. Joseph Bonaparte entre au conseil des Cinq-Cents, et prête le serment de *haine à la royauté.*

24. *Jeudi. S. Babylas.*   **4.** *Quartidi. Percenège.*

1789. Louis XVI convoque la nation qui s'assemble dans les bailliages, rédige le cahier des instructions à suivre par ses délégués, instructions empreintes d'une grande sagesse, mais que ces derniers méconnaîtront.

1791. Cinq personnes sont égorgées à Paris.

1792. Les tricolores pillent le sucre et les confitures chez les épiciers.

25. *Vendredi. C. S. Paul.*   **5.** *Quintidi. Taureau.*

1798. Les tricolores publient que le seul moyen de fonder la morale d'un peuple libre est une bonne organisation *de la gendarmerie nationale* secondée par son auxiliaire (le *bourreau*).

26. *Samedi. Sle. Paule.*   **6.** *Sextidi. Laurier-Thym.*

1789. A Rennes, dix personnes sont égorgées.

27. *Dimanche. Septuagésime.*   **7.** *Septidi. Amadouvier.*

1793. La section tricolore des Arcis arrête un citoyen accusé d'avoir osé verser des larmes en faisant le récit de ce qu'il avait vu au Temple, barbarie digne d'un Caligula ou d'un Héliogabale.

1794. Combat de Gesté Stoflet contre les tricolores.

28. *Lundi. S. Charlemagne.*   **8.** *Octidi. Mézéréon.*

1794. Le général Marcé est guillotiné. — Nantes. 97 prêtres et 97 femmes sont mis nus, des tricolores disent aux ecclésiastiques : « Vous viviez dans le célibat, nous allons vous marier avec ces jolies farceuses. » Aussitôt chacun de ces prêtres est attaché à une femme, et tous ensemble sont noyés dans la Loire.

29. *Mardi. S. François de S.*   9. *Nonidi. Peuplier.*

1794. Massacres à Laval : les tricolores montrent une férocité qui ne leur est que trop naturelle.

— A Nantes, Carrier ordonne d'incarcérer tous les courtiers de commerce.

30. *Mercredi. Ste. Bathilde.*   10. *Décadi. Coignée.*

1779. Prise du Sénégal sur les Anglais.

1794. A Nantes, tous les interprètes, les revendeurs et revendeuses de denrées sont plongés dans les cachots et leurs marchandises confisquées.

31. *Jeudi. Ste. Marcelle.*   11. *Primidi. Ellébore.*

1794. Auriolle, vitrier, dénoncé par un concurrent de métier, est jugé comme suspect, et périt sur l'échafaud à Toulouse.

— Mort courageuse de madame Roland, femme du ministre des finances de la république.

1798. M. Trion, chevalier de Malte, est fusillé à la plaine de Grenelle.

1ᵉʳ FÉVRIER. — 12 Pluviôse.

D. Q. 7. N. L. 15. P. Q. 22. P. L. 28.

1ᵉʳ. *Vendredi. S. Ignace.*   12. *Duodi. Brocoli.*

1761. Mort du vertueux Turgot, prévôt des marchands.
1791. Établissement du droit d'enregistrement.
1794. Dix habitants de Coulommiers, dont deux femmes, suspects de royalisme, sont guillotinés.

2. *Samedi.* PURIFICATION.   13. *Tridi. Laurier.*

1793. Le respectable Nivière Chol est élu maire de Lyon à la majorité des voix. Cette élection déplaît à Marat, qui fait organiser dans cette ville un bureau de dénonciation. Cette mesure plonge en douze jours treize cents négociants dans les prisons.
1798. Par arrêté du Directoire, Lyon et Montpellier sont mis en état de siége.

3. *Dimanche. Sexagésime.*   14. *Quartidi. Avelinier.*

1794. M. Duclos, ancien notaire, est guillotiné.
—Nantes. 208 jeunes filles, accusées d'avoir, il y a un an, assisté à la messe d'un prêtre proscrit, sont noyées. Le courage manque pour retracer les détails horribles de ces exécutions.

4. *Lundi. Ste. Jeanne.*   15. *Quintidi. Vache.*

1782. Prise définitive de Mahon par les Français, commandés par M. de Trillon.
—M. de Bouillé prend aux Anglais l'île de Saint-Christophe.
1790. Louis XVI se rend à l'assemblée, et donne, par sa conduite et par son discours, les preuves du plus sincère libéralisme ; mais ce n'est pas la liberté que veulent

les tricolores, c'est le pouvoir qu'ils cherchent à usurper au nom de cette liberté qu'ils outragent, et qui, dans leurs bouches, n'est que mensonge. Bailly répond : « Sire, vous ferez une époque mémorable dans l'histoire du monde : vous serez Louis-le-Juste, Louis-le-Sage, Louis-le-Bon, vous serez vraiment Louis-le-Grand, etc. »

5. *Mardi. Ste. Agathe.*   16. *Sextidi. Buis.*

1793. Caen. M. Gombaud, curé de la paroisse Saint-Gilles, est guillotiné. Le peuple, indigné, se soulève et crie : « On tue un innocent, quand un scélérat, condamné à mort depuis long-temps, attend sa grâce qu'il obtiendra. Mais il n'en sera rien, il nous faut à l'instant sa tête. » Les bourreaux, effrayés, l'amènent et l'exécutent.

1799. L'impôt sur le sel, demandé par le Directoire, est accordé par les Cinq-cents.

6. *Mercredi. S. Vaast.*   17. *Septidi. Lichen.*

1793. Challier, agent de Marat, réunit six cents tricolores et leur dit : Les aristocrates complotent contre nous, déjouons leurs sinistres projets. Le moment de la vengeance est arrivé. Il faut nous emparer de la guillotine et de l'artillerie, et lorsque nous serons maîtres de la ville, nous pillerons les riches manufacturiers. Point de pitié pour les coupables et pour tous ceux aussi qui seront désignés par nous ! Qu'ils soient immolés à notre juste vengeance, et que leurs cadavres aillent reposer dans les eaux du Rhône.

Cette proposition est accueillie avec enthousiasme. «Mais, dit un des tricolores, le bourreau ne pourra jamais suffire à tant d'exécutions ! — N'y a-t-il que cela ? répond Laussel ; eh bien, citoyens, nous l'aiderons dans son patriotique ministère ; il n'y a qu'une ficelle à tirer !... » Un troisième propose les noyades, etc. (V. 22.)

1794. Madame de Marbeuf est massacrée par les tricolores.

7. Jeudi. S. Romuald.   *18. Octidi. If.*

1794. Madame de Lauraguais est guillotinée aux cris et hurlements de la Marseillaise, par une tourbe abjecte rangée sur son passage.

8. Vendredi. S. Jean de M.   *19. Nonidi. Pulmonaire.*

1791. Le bonnet rouge des galériens est la coiffure adoptée par les tricolores ; c'est pour eux un signe de civisme.

9. Samedi. Ste. Apolline.   *20. Décadi. Serpette.*

1794. On observe à Robespierre la terreur qu'inspire Carrier. — *C'est un patriote*, répond le tyran, *il connaît de sesvoirs, et Nantes avait besoin d'un pareil homme.*

10. Dim. Quinquagésime.   *21. Primidi. Thlaspi.*

1791. Deux personnes tombent sous les coups des tricolores à Paris.

11. Lundi. S. Séverin.   *22. Duodi. Thymelé.*

1794. Le maire de Nantes demande à Carrier des vivres pour ses administrés. — Allez en chercher en Vendée. On lui répond que les commissaires ont été repoussés. « Ce sont des lâches. Je parie faire seul le tour de la Vendée avec une guillotine. »

12. Mardi. Ste. Eulalie.   *23. Tridi. Chiendent.*

1781. Prise de l'île Saint-Christophe, en Amérique, sur les Anglais.

1782. Prise de Bristome par les Français, commandés par le marquis de Bouillé, sur les Anglais.

1794. Vendée. L'infâme général Grignon ravage les environs de Fontenai-le-Peuple et de Bressuire, tout est brûlé et massacré.

13. *Mercredi. Cendres.*   **24.** *Quartidi. Traînasse.*

1791. A Uzès, cinq personnes sont égorgées.

1794. Vendée. Hoche et ses soldats ravagent les environs de Luçon, et réduisent par leur vandalisme les habitants à prendre les armes.

14. *Jeudi. S. Valentin.*   **25.** *Quintidi. Lièvre.*

1794. MM. Brichard et Chaudot, notaires, périssent sur l'échafaud.

15. *Vendr. Les 5 plaies.*   **26.** *Sextidi. Guede.*

1794. Vendée. Westermann vante ses victoires répétées, court de massacres en massacres, n'épargnant ni les femmes ni les enfants; plus d'une mère expirant sur la place qui a été témoin de son déshonneur, voit son enfant balloté par ces furieux ; ils se le jettent l'un à l'autre et le reçoivent sur leurs bayonnettes, cruautés qui valent à ces soldats du drapeau tricolore les éloges de Carrier.

16. *Samedi. Ste. Julienne.*   **27.** *Septidi. Noisetier.*

1794. A Montaigu, Carrier fait cette harangue : « Sol- » dats du drapeau tricolore, vous qui avez porté le nom » d'armée infernale au Nord, vous le portez de même ici. » Je vous ordonne de mettre le feu partout, et de tout fu- » siller sans distinction. »

17. *Dim. Quadragésime.*   **28.** *Octidi. Ciclamen.*

1794. Nantes. Une femme dont le mari est en prison, va demander sa grâce à Carrier. Pour l'attendrir, elle prend dans ses bras son enfant âgé d'onze mois; à leur vue le tricolore s'irrite, il les fait arrêter, et le lendemain

mis nus, ils sont attachés ensemble et fusillés avec trente-
neuf autres victimes.

18. *Lundi. S. Siméon.*   29. *Nonidi. Chelidoine.*

1790. Un prolétaire périt victime des fureurs révolu-
tionnaces.

19. *Mardi. S. Boniface.*   30. *Décadi. Traîneau.*

1790. Favras dénoncé par deux misérables vendus aux
chefs tricolores, comme conspirateur, est condamné à
mort sur le seul témoignage de ces deux hommes, qui se
reconnaissent eux-mêmes provocateurs. On refuse d'entendre les témoins qui pouvaient révéler ces impostures.
Il marche avec courage à l'échafaud la corde au cou.
L'exécution a lieu la nuit ; la place de Grève est illuminée,
les drapeaux tricolores sont déployés jusque sur l'échafaud
et sont rougis du sang de la victime.

1795. Combat d'Anoy. Georges Cadoudal contre les
soldats du despotisme.

20. *Mercredi. IV Temps.*   1ᵉʳ *Ventôse. Prim. Tussilage.*

1790. Mort de Joseph II, empereur d'Allemagne.
1792. Décret pour le recrutement de l'armée portée à
700,000 hommes ; le premier âge fixé à 18 ans.
1793. M. Foucault de Pavant, notaire, est guillotiné.

21. *Jeudi. S. Maurice.*   2. *Duodi. Cornouiller.*

1793. Tyrans, détracteurs de l'ancienne royauté, l'amie
et l'auxiliaire des franchises du peuple, vous qui parlez
sans cesse du bonheur des hommes, vous les décimez ;
et l'innocence, la probité, la vertu, les talents, l'amour
de la patrie, les conduisent à l'échafaud.

22 *Vendredi. Ch. S. P. à A.*   3. *Tridi. Violier.*

1793. Les autorités de Lyon font placarder sur les murs de cette malheureuse cité des affiches signées par 350 tricolores, où ils expriment en ces termes leur fervent amour de l'égalité. « *Nous jurons d'exterminer quiconque ne pense pas comme nous; ce sont nos ennemis, et leurs cadavres sanglants, jetés dans le Rhône, porteront la terreur aux mers épouvantées.* » Il est pénible de penser que les victoires de nos armées ne servaient qu'à affermir le pouvoir de tels monstres, il est encore plus douloureux de savoir que le drapeau qui flottait dans leurs rangs n'était rien autre que celui que ces brigands avaient imaginé d'arborer pour leur servir de ralliement; mais ce qu'il y a d'inconcevable, c'est de voir ces mêmes armées, soit par fanatisme ou terreur, combattre pour le propre compte de ces misérables. (V. 27 av.)

23. *Samedi. S. Mérault.*   4. *Quartidi. Troène.*

1712. Mort du maréchal de Catinat. Il mena la vie d'un sage et d'un héros chrétien. Il eût été aussi bon ministre et aussi bon chancelier qu'il a été bon général.

1794. Victoire des Vendéens, vrais soldats de la liberté, près Viviers.

— Massacres à la Rochelle. Les tricolores s'acharnent contre les notaires. La tête de M. Prédicant, notaire, tombe sur l'échafaud. Toutes les classes y passeront.

1796. Hoche, à qui aucun moyen ne répugne, a chargé des tricolores de la plus lâche des missions, celle de se rendre à l'armée du vaillant et sublime Stofflet comme volontaires royalistes. Ce défenseur de la liberté est trahi et attiré dans une ferme, où il est livré par ces traîtres à Hoche, qui a la barbarie de le faire fusiller à Angers.

24. *Dimanche. Reminiscere.*   **5.** *Quintidi. Bouc.*

1793. Les tricolores décrètent qu'un milliard sera partagé entre les défenseurs de la patrie. Ces misérables promettent toujours, mais ne paient jamais; ils ont violé tous leurs serments, pourquoi seraient-ils plus exacts dans leurs promesses?

1794. M. Maussion, ex-intendant de Rouen, meurt victime des fureurs des tyrans.

— M. Lignières, négociant, subit le même sort à Toulouse.

25. *Lundi. S. Mathias.*   **6.** *Sextidi. Asaret.*

1793. Prélude du maximum. Les tricolores réduisent les marchandises des épiciers à la moitié de leur valeur, puis ils les pillent.

1794. M. Philippe et dix autres suspects, dont deux femmes, coupables d'avoir formé le vœu que le despotisme cessât, sont guillotinés.

26. *Mardi. S. Nestor.*   **7.** *Septidi. Alaterne.*

1794. Décret qui donne un pouvoir discrétionnaire au comité de sûreté générale, d'entasser dans les prisons tous les Français, pour les faire guillotiner.

1795. Le général Charette, à la tête de son état-major, fait son entrée à Nantes, au bruit du canon. C'est un spectacle nouveau que de voir ces braves portant l'écharpe blanche et le panache d'Henri IV, reçus par les soldats du despotisme, portant les couleurs des assassins d'octobre, de septembre, etc., etc., et des colonnes infernales incendiaires. (Suite du 14 janv.)

27. *Mercredi. Ste. Honorine.*   **8.** *Octidi. Violette.*

1792. Massacres à Dunkerque. Les scélérats, pour s'exciter au meurtre, vocifèrent la *Marseillaise.* Ce chant sanguinaire est entonné par tout ce que la France renferme d'imbécilles et d'ignorantins politiques, qui ont la stupidité de le nommer le chant national, quand son vrai nom est le chant du meurtre, car il ne se fait entendre qu'aux époques calamiteuses.

28. *Jeudi. S. Romain.*　　　**9.** *Nonidi. Marceau.*

1791. Les Tuileries sont menacées ; deux cent dix valeureux Français, accourus au château, se pressent autour du roi en danger, mais des folliculaires imposteurs et autres scélérats à qui tous les moyens sont bons pour écraser la fidélité et l'honneur, cherchent à les flétrir en les nommant *chevaliers du poignard.*

1ᵉʳ MARS. — 10 Ventôse.

D. Q. 8.   N. L. 15.   P. Q. 22.   P. L. 30.

1ᵉʳ. *Vendredi. S. Aubin.*   10. *Décadi. Bêche.*

1796. Les tricolores font preuve d'une grande habileté ;
ils voient la réprobation de l'immense majorité des Français fondre sur eux : pour assoupir cette juste horreur, ils
publient aussitôt une foule d'ouvrages dans lesquels ils
flétrissent les crimes de leur parti, mais ils ont soin d'en
inventer quelques-uns qu'ils mettent sur le compte des
royalistes; moyen lâche, indigne, mais sûr, pour se main-
tenir dans l'opinion.

2. *Samedi. S. Simplice.*   11. *Primidi. Narcisse.*

1794. Dix habitants de Rozay, accusés d'avoir outragé
le drapeau *tricolore*, sont guillotinés.
— Madame Cassan est exécutée à Toulouse ; ce meurtre
n'inspire qu'horreur pour les jacobins. La masse de la population de cette ville attend avec impatience le moment
de fouler aux pieds leur ignoble drapeau.

3. *Dimanche. Oculi.*   12. *Duodi. Orme.*

1792. M. Simonneau, maire d'Étampes, est assassiné.
1793. M. Frouillé, imprimeur, quai des Augustins, est
guillotiné.

4. *Lundi. S. Casimir.*   13. *Tridi. Fumeterre.*

1791. Troubles à Saint-Domingue et massacre du colonel Mauduit.

5. *Mardi. S. Drausin.*   14. *Quartidi. Vélard.*

1793. Décret qui déclare *complices des émigrés*, les enfants et les filles âgées de plus de quatorze ans, qui ont
suivi leur père ou leur mère, et les condamne *à mort*.

6. *Mercredi. Ste. Colette.*   15. *Quintidi. Chèvre.*

1793. Douze colonnes de tricolores sont lancées sur le seul département de la Vendée, avec l'ordre d'égorger, de piller et de brûler tout ce qui se trouvera sur leur passage. Mais l'héroïsme des soldats de la liberté fait, pour le moment, échouer une partie de ces brigandages.

7. *Jeudi. Ste. Perpétue.*   16. *Sextidi. Épinards.*

1793. La Convention déclare la guerre à l'Espagne.

8. *Vend. S. Jean de Dieu.*   17. *Septidi. Doronie.*

1794. M. de l'Aigle et madame la Rochefoucault sont guillotinés.

9. *Samedi. Ste. Françoise.*   18. *Octidi. Mouron.*

1793. Les assassins tricolores, pour se venger des revers qu'ils viennent d'éprouver en Vendée, décident le massacre de tous les députés qui n'ont pas voté la mort du roi, mais bon nombre cette fois échappent aux poignards de la *sainte montagne* (1). Les presses des girondins sont brisées (2).

1796. Napoléon épouse Joséphine, veuve du vicomte Beauharnais, guillotiné le 23 juillet 1794; douze jours après il part pour l'armée d'Italie.

10. *Dimanche. Lætare.*   19. *Nonidi. Cerfeuil.*

1793. Institution du tribunal révolutionnaire.

— Les biens de ceux qui sont condamnés à mort appartiennent à la république, leurs pères, mères, femmes et enfants pourront mourir de faim; mais s'ils se plaignent, ils seront guillotinés comme ennemis *du peuple.*

1796. Proclamation de S. M. Louis XVIII aux Français.

(1) Députés de l'extrême gauche.
(2) Députés de la droite.

11. *Lundi. 40 Martyrs.*   **20.** *Décadi. Cordeau.*

1793. Une partie de la section Poissonnière ayant à sa tête Fournier, Desfieux et Jousky, se présente à la Convention, lui demande les têtes des députés Gensonné, Vergniaud, Guadet et du général Dumourier.

12. *Mardi. S. Grégoire.*   **21.** *Primidi. Mandragore.*

1794. Ridicule formule de tous les jugements prononcés indistinctement, contre les Malesherbes, les femmes, enfants, etc., envoyés au supplice. « Accusés d'être auteur ou complice de la conspiration de la part des *ennemis du peuple*, tendante à avilir et discréditer la représentation nationale, à persécuter et calomnier les patriotes, à inspirer le découragement, pour faciliter la contre-révolution et à *égarer le peuple* sur le choix de ses fonctionnaires, afin de faire porter aux places les agents de la tyrannie. » (V. 10 juin.)

13. *Mercr. Ste. Euphrasie.*   **22.** *Duodi. Persil.*

1790. Les tricolores sont cruels, fanatiques, stupides, cela pour ressembler aux Romains que nous ont faits les historiens ; c'est ainsi qu'après avoir tourné au sang, ils tournent à l'imbécillité.

14. *Jeudi. S. Lubin.*   **23.** *Tridi. Cochléaria.*

1793. Ordre de mettre en liberté, qui donc?.... Les galériens, pour être enrégimentés dans les volontaires tricolores qui vont dévaster l'héroïque Vendée.

— Décret qui ordonne le jugement des frères de Louis XVI.

15. *Vendredi. S. Longin.*   **24.** *Quartidi. Pâquerette.*

1794. M. La Boussière et quatorze suspects, dont une femme, sont guillotinés.

1795. Un décret fixe à une livre de pain par jour la plus forte consommation de chaque habitant de Paris. Le bon temps!

1796. Les tricolores qui ont assassiné Louis XVI. pour augmenter leurs complices, exigent des fonctionnaires publics le serment de haine à sa mémoire; mais quelques-uns ont le courage de refuser ce *stupide* serment, au risque d'encourir de tyranniques persécutions.

16. *Samedi. S. Cyriaque.*   25. *Quintidi. Thon.*

1793. Prise de Chollet par Cathélineau sur les trico-lores, défenseurs du despotisme.

1794. Le tricolore Robespierre fait un défi à tous les tyrans de la terre.... De quoi? de l'être plus que lui.

— M. de Cieuzac, maire de Montauban. et le général Quétineau, sont guillotinés.

1798. Arrêté du Directoire, qui met Bergerac en état de siège.

17. *Dimanche. Passion.*   26. *Sextidi. Pissenlit.*

1791. Des inquiétudes factices et suggérées méchamment sur la rareté du blé, soulèvent le peuple de Douai contre un négociant nommé Nicolon. Ce malheureux. déjà tout couvert de blessures, est arraché de sa prison et pendu à un arbre.

1795. L'intrépide Stofflet reprend Chalonnes aux tri-colores.

18. *Lundi. S. Alexandre.*   27. *Septidi. Sylvie.*

1793. Victoire des Vendéens près de Nantes.

1794. M. Durney, banquier, est guillotiné.

1796. Création de 3 milliards de mandats. La faction tricolore s'est en quelque sorte chargée d'enseigner aux peuples jusqu'à quel degré d'abjection et de friponnerie

elle peut descendre; non contente d'avoir fait banqueroute de 40 milliards d'assignats, elle ose encore émettre
plusieurs milliards de mandats qu'elle fait la grâce, au
bout de onze mois, de reprendre à 99 et 1/2 pour cent de
perte!! (V. 23 déc.)

19. *Mardi. S. Joseph.*   28. *Octidi. Capillaire.*

1791. A Toulouse, huit citoyens sont assassinés.

1793. Décret qui ordonne que les hôpitaux fondés et
donnés en faveur des *pauvres* seront vendus.

1794. Le vengeur des tricolores (le bourreau) met à
mort M. Mazuyer, député.

20. *Mercredi. S. Joachim.*   29. *Nonidi. Frêne.*

1792. *La guillotine*, mécanique sépulcrale, est adoptée
par une loi pour trancher la tête des condamnés. Elle est
essayée sur des morts. Des tricolores fervents lui font pré-
sent de sommes d'argent pour son entretien.

1797. Résolution qui exige des électeurs la formalité du
serment prescrit aux fonctionnaires publics.

21. *Jeudi. S. Benoît.*   30. *Décadi. Plantoir.*

1793. Prise de Chalonnes par Bonchamps, sur les tricolores.

— A Rochefort, quatre prêtres sont volés et massacrés.

22. *Vend. Compassion.*   1ᵉʳ *Germinal. Prim. Primevère.*

1794. Les tricolores ont l'impudence de proclamer que
la justice et la probité sont à l'ordre du jour. Ce langage
n'a rien qui doive étonner, les tyrans ont toujours le mot
liberté sur les lèvres et les voleurs celui de probité.

1796. Le brave Charette, général des armées vendéennes, est fait prisonnier. (V. 30.)

23. *Samedi. S. Victorien.*   **2.** *Duodi. Platane.*

1799. Le général Brassier s'empare de la ville d'Andria, dans le royaume de Naples, et fait passer au fil de l'épée tous les prétendus rebelles qui s'y trouvent. Leur nombre est de 6,000.

24. *Dimanche. Rameaux.*   **3.** *Tridi. Asperges.*

1792. Les tricolores donnent pour jouets à leurs enfants, de petites guillotines à oiseaux et souris.

1794. Hébert, Ronsin, Vincent, Anacharsis-Cloots, conventionnels, avec quinze autres personnes, sont guillotinés. Le peuple accourt en foule à leur supplice et les accable d'outrages. La joie qu'il manifeste alarme Danton et sa faction, et leurs égaux en crimes, et leur présage l'ivresse avec laquelle leur propre supplice sera un jour contemplé.

25. *Lundi. Ste. Irène.*   **4.** *Quartidi. Tulipe.*

1776. Louis XVI. Tout soldat que des infirmités mettent dans l'impossibilité de continuer son service pour atteindre à la retraite, obtient une pension. En quittant son corps, il reçoit un *habillement neuf*. L'adjudant sous-officier ayant servi cinq ans dans ce grade, reçoit le brevet et les appointements de sous-lieutenant.

J'ai vu bien des soldats du drapeau tricolore dans l'impossibilité de continuer leur service, renvoyés avec un vieil habit et sans un sou de gratification.

1793. L'oppression la plus vaste s'établit par le décret qui règle l'organisation du comité de sûreté générale.

26. *Mardi. S. Ludger.*   5. *Quintidi. Poule.*

1792. Le roi de Suède, Gustave III, est assassiné dans un bal, par Angerstrom. Les tricolores sont accusés d'être les instigateurs de ce crime.

1793. La commission militaire établie à Marseille écrit à la Convention : « La terreur est dans l'âme des aristocrates. Le glaive de la loi frappe journellement les têtes coupables ; il n'en échappera aucune. *Plus la guillotine joue, plus la république s'affermit.* Le sang des *scélérats* arrose les sillons du midi ; la terre a soif de ces *monstres.* Ça va bien ; ça ira encore mieux dans peu de temps. »

1794. M. l'évêque Goutes périt sur l'échafaud.

1795. Prise de Ponchartrin par Lescure, sur les tricolores.

27. *Mercredi. S. Rupert.*   6. *Sextidi-Blette.*

1793. Décret qui met hors la loi les aristocrates.

— Combat du port Saint-Pierre. Charette contre les tricolores.

28. *Jeudi. S. Gontran.*   7. *Septidi. Bouleau.*

1793. A Marseille, le rasoir national est insuffisant, il faut aux tricolores d'autres moyens de destruction et de récréation ; ils invitent tout-à-coup les bons citoyens à se rendre au Champ-de-Mars. On y court en foule, les uns parce qu'ils se croient bons citoyens, les autres dans la crainte d'être suspects. Tous sont entourés et massacrés par la mitraille, la fusillade, etc.

1798. Arrêté du Directoire, qui met hors la loi Saint-Étienne. (Loire.)

29. *Vendr. Vendredi-Saint.*   8. *Octidi. Jonquille.*

1793. Charette attaque, dans Pornic, les tricolores qui

y ont égorgé les femmes, les enfants et tous ceux qui n'ont pu se sauver, les met en déroute, leur prend deux canons, des fusils et des munitions.

— Charette a non-seulement à lutter contre les armées envoyées contre lui, mais encore contre les intrigues des faux frères envoyés par la Convention, dans son armée, chargés d'y semer la discorde, d'y commettre des excès, pour en rejeter l'odieux sur les valeureux Vendéens. C'est en cette qualité que fut reconnu un nommé Souchu, employé dans l'administration du corps d'armée de Charette.

30. *Samedi. Ste. Rieule.*　　　**9.** *Nonidi. Aulne.*

1796. Charette, général Vendéen, suivi d'une trentaine de braves, tombe dans une embuscade et s'y défend seul contre mille, il n'est pris que criblé de blessures. Arrivé à Nantes, Hoche, suivant son système *pacificateur*, le fait fusiller ! Ce héros, après avoir détaché son bras blessé de l'écharpe qui l'enveloppe, donne lui-même le signal du feu et tombe mort ! Telle est la fin de ce héros qui développa un caractère et des talents dignes d'un meilleur sort.

— Napoléon prend le commandement de l'armée d'Italie.

31. *Dimanche.* Paques.　　　**10.** *Décadi. Couvoir.*

1793. Le comité d'insurrection prend le titre de *comité de salut public*, et s'installe à l'archevêché. Il se compose de 500 tricolores, où n'y est reçu qu'après avoir juré l'approbation des massacres de septembre et promis de recommencer au besoin. Ainsi les égorgeurs prennent le titre de *salut public*, ce qui veut dire : aux tricolores la gloire d'égorger le peuple pour son plus grand bien. (V. 6 avril, 1er janv.)

1794. Décret qui s'empare de la bibliothèque et du cabinet d'histoire naturelle de M. Gigot d'Orcy, et ordonne la vente de ces deux collections.

— M. Lavergne, commandant de Longwy, et sa femme, sont guillotinés.

1795. Loi qui ordonne la déportation de douze représentants du peuple.

1ᵉʳ AVRIL. — 11 Germinal.

D. Q. 7.   N. L. 13.   P. Q. 20.   P. L. 28.

1ᵉʳ. *Lundi. S. Hugues.*   **11.** *Primidi. Pervenche.*

1791. Établissement des droits de timbre et de patentes.

1794. M. Salaberry est guillotiné.

2. *Mardi. S. François de P.*   **12.** *Duodi. Charme.*

1791. Mort de Mirabeau, empoisonné par les tricolores, ses meilleurs amis.

3. *Mercredi. S. Richard.*   **13.** *Tridi. Morille.*

1793. Décret qui autorise les commissaires dans les départements et près les armées à faire arrêter et même déporter tous les citoyens *suspects*. Sous le plus frivole prétexte ils font fusiller journellement et sans jugement une foule de soldats.

4. *Jeudi. S. Ambroise.*   **14.** *Quartidi. Hêtre.*

1794. Le fanatisme, le délire et la soif du sang sont tels chez les brigands qui oppriment la France, qu'un tricolore, en pleine Convention, demande que la mort soit à l'ordre du jour.

5. *Vendredi. S. Zenon, mart.* **15.** *Quintidi. Abeille.*

1790. Massacres à Vannes, douze personnes y perdent la vie.

1794. Les orléanistes succombent : plusieurs milliers de victimes innocentes doivent s'apaiser, lorsque les tombereaux qui dégouttent encore de leur sang, conduisent à la mort les tricolores, et Danton, dont le visage hideux et cynique annonce la noirceur de l'âme, avec quatorze de ses principaux complices.

Ce coup porté par les jacobins aux orléanistes retentit jusqu'aux extrémités de la France. Les créatures d'Orléans et de Danton, arrêtées de toutes parts, sont plongées dans les cachots à côté des malheureux qu'ils y ont entassés. Le peuple voit avec une surprise mêlée d'effroi les échafauds teints du sang des bourreaux et de leurs victimes. Ce n'est qu'un débordement de meurtres.

6. *Samedi. Sainte Prudence.*   16. *Sextidi. Laitue.*

1793. La Convention crée le comité de salut public, imitation de tous ceux déjà organisés par les factions tricolores, dont fait partie le farouche Danton. (V. 1er janv. et 31 mars.)

1794. Un tricolore offre à la Convention une somme d'argent pour l'entretien du *rasoir national.*

7. *Dimanche. Quasimodo.*   17. *Septidi. Mélèze.*

1794. Les Français prennent Oneglia.

8. *Lundi. Annonciation.*   18. *Octidi. Ciguë.*

1790. A Nîmes, les tricolores s'acharnent à tuer; 78 habitants sont massacrés en trois jours.

— A Souvent, près Dôle, quatorze victimes subissent le même sort.

9. *Mardi. Sainte Mar. Cl.*   19. *Nonidi. Radis.*

Sous l'ancienne monarchie, le peuple possédait un moyen puissant pour résister à l'arbitraire, l'association ; chaque corps d'état ne formait qu'une seule famille, ce qui le rendait fort et puissant. Le pouvoir n'eût pu impunément porter atteinte aux droits et libertés d'un de ses membres ou d'une corporation, sans les voir toutes se réunir et le combattre. Les tricolores ont détruit ces liens protecteurs, isolé les bons citoyens les uns des autres, et sur ces ruines ils ont créé l'association jacobine, composée de tous les scélérats sur lesquels ils s'appuient.

10. *Mercredi. Saint Macaire.*   20. *Décadi. Ruche.*

1793. Le citoyen Égalité, son fils le duc de Beaujolais, la duchesse de Bourbon et le prince de Conti, sont enfermés à la citadelle de Marseille.

1799. Les deux conseils déclarent la levée des secondes et troisièmes classes de conscrits.

11. *Jeudi. Saint Léon, pape.*   21. *Primidi. Gaînier.*

1794. Les Anglais nous prennent la Guadeloupe.

— Décret qui prononce des peines capitales contre les recéleurs d'ecclésiastiques sujets à la déportation.

1796. Arrêté du Directoire exécutif concernant les peines les plus sévères à infliger pour les délits commis sur les arbres de la *liberté.*

12 *Vendredi. Saint Jules.*   22. *Duodi. Romaine.*

1793. Arrestation de Marat; il est envoyé à l'Abbaye.

13 *Samedi. Saint Justin.*   23. *Tridi. Marronier.*

1793. Marat s'échappe de l'Abbaye.
1794. Chaumette, Gobel, veuve Hébert et dix-sept autres individus sont guillotinés par leurs amis!

14. *Dimanche. Saint Tiburce.*   24. *Quartidi. Roquette.*

1701. Avénement au trône d'Espagne, de Philippe V, petit-fils de Louis XIV, qui lui dit ! « Mon fils, vous devez être bon Espagnol, mais n'oubliez jamais que vous êtes né Français. »

1793. Les Anglais nous prennent Tabago.

1796. Bataille de Millesimo (Italie) gagnée par Bona-parte.

15. *Lundi. Saint Paterne.*   25. *Quintidi. Pigeon.*

1788. Mort de M. le comte de Buffon, intendant du Jardin-du-Roi.

1790. L'assemblée, dite nationale, dépouille le clergé de ses biens.

1793. M. Blancheland, gouverneur de Saint-Domingue, est guillotiné.

16. *Mardi. Saint Fructueux.*   26. *Sextidi. Lilas.*

1793. Combat de Vehiers. Cathélineau contre les dé-fenseurs du despotisme.

1794. Décret portant que : « Tous les citoyens sont te-nus de dénoncer les propos inciviques qu'ils entendront. Celui qui sera convaincu de *s'être plaint de la révolution* sera déporté à la Guiane. Ces décrets et beaucoup d'autres semblables sont rendus au nom de la liberté.

17. *Mercredi. Saint Anicet.*   27. *Septidi. Anémone.*

1796. Décret portant *peine de mort* contre tous ceux qui, dans leurs écrits distribués ou affichés, provoquent le rétablissement de la royauté ou de la constitution de 1791. Voilà ce que les tricolores entendent par la *liberté de la presse.*

18. *Jeudi. Saint Parfait.*   28. *Octidi. Pensée.*

1794. Arrêté qui porte que les bouchers fourniront à chaque citoyen une demi-livre de viande tous les cinq jours. On voit que les tricolores sont forts sur l'abstinence ; quatre jours maigres sur cinq.

3.

— Laborde, banquier, et seize autres suspects, dont six femmes et demoiselles, sont guillotinés.

19. *Vendredi. Saint Elphège.*   **29.** *Nonidi. Myrtille.*

1706. Le duc de Vendôme gagne la bataille de Calcinato sur les Autrichiens.

1789. A Bastia (Corse), les fureurs révolutionnaires occasionnent la mort à deux personnes.

20. *Samedi. Saint Anselme.*   **30.** *Décadi. Greffoir.*

1794. MM. Molle, Pasquier, de Rozambo, et cinquante autres personnes que leur humanité et leurs vertus ont rendus suspects, sont guillotinés.

21. *Dimanche. Ste Opportune.*   1er *Floréal. Primidi. Rose.*

1794. Tous les prêtres qui refusent de remettre leurs lettres de prêtrise et de se marier, sont arrêtés à Rouen pour être assassinés.

22. *Lundi. I. des c. s. d.*   **2.** *Duodi. Chêne.*

1794. Le vénérable de Malesherbes comparaît avec toute sa famille devant les juges aux trois couleurs. En vrai patriarche, il l'avait réunie autour de lui dans sa modeste habitation, et tous sont compris dans la même accusation. Sa fille, madame de Rozambo, veuve depuis deux jours, et qui, depuis le supplice de son mari, est tombée dans le délire, sa petite-fille, madame de Châteaubriand, et son mari, M. de Châteaubriand, frère aîné de l'illustre écrivain, périssent avec lui. Trois générations sont frappées du même coup par la hache des tricolores.

Le crime de cette famille est l'ancienne position de son vertueux chef, *ministre d'état avant la révolution, depuis défenseur du tyran Louis XVI.* Ses cheveux blancs (il a 72 ans), sa figure douce et pleine de bonté, sa sollicitude pour ses enfants, ne peuvent émouvoir ses juges farouches. Douze accusés ont été cités à la barre ; en la quittant ils sont treize. L'un des témoins, le jeune Parmentier, est devenu accusé. Ils sont aussitôt exécutés, à l'exception de la princesse Lubomirski, déclarée enceinte. (V. 23.)

23. *Mardi. Saint Georges.*   **3.** *Tridi. Fougère.*

1792. Décret qui accorde aux sieurs Charles et Bonnenfant la somme de 600 livres, à titre de *récompense et d'encouragement, comme dénonciateurs.*

1793. Combat de Beaupréau. Les Vendéens contre les incendiaires.

1794. Rentrée en prison, la princesse Lubomirski s'abandonne à sa douleur, elle reproche à ses geôliers les assassinats et les crimes de leurs maîtres ; ces misérables la dénoncent à l'accusateur public, qui, dans les vingt-quatre heures, malgré sa grossesse, la fait conduire au supplice.

24. *Mercredi. Sainte Beuve.*   **4.** *Quartidi. Aubépine.*

1794. Trente-huit habitants de Verdun sont condamnés à mort pour avoir cherché à intéresser la clémence du roi de Prusse, en lui présentant des fleurs et des supplications lors de son entrée dans cette ville. Parmi les victimes se trouvaient cinq jeunes filles, dont trois sœurs qui périrent sur le même échafaud.

1795. Combat de Montrevault. Bonchamps contre les tricolores.

25. *Jeudi. Saint Marc, abs.*   **5.** *Quintidi. Rossignol.*

1794. A Rochefort, les exécutions à mort ensanglantent les places et les rues de cette cité épouvantée des cruautés commises par nos tyrans.

26. *Vendredi. Saint Clet, m.* 6. *Sextidi. Ancolie.*

1798. Traité d'union de la république génevoise et la France.

27. *Samedi. Saint Polycarpe.* 7. *Septidi. Muguet.*

1788. A Paris, trente-six personnes périssent victimes des fureurs naissantes de la révolution.

1793. Les tricolores lèvent sur les habitants de Lyon un impôt de TRENTE-TROIS MILLIONS. Un ordre enjoint à tous ceux sur lesquels pèse cette taxe exorbitante, de solder à l'instant même, ou de se rendre dans les caves de la maison commune. Toutes ces vexations ont pour point fixe le désespoir des Lyonnais, afin de déclarer leur malheureuse patrie en état de rébellion, de l'ensevelir sous des monceaux de cadavres et d'effacer à jamais jusqu'au nom de cette cité naguère si florissante. (V. 28 mai.)

28. *Dimanche. Saint Vital.* 8. *Octidi. Champignon.*

1789. La maison de M. Réveillon, fabricant, faubourg Saint-Antoine, est pillée ; les voleurs se battent contre la troupe, il y a des morts et des blessés.

1794. M. de Villeroy, avec trente-quatre autres suspects, portent leurs têtes sur l'échafaud, aux cris frénétiques des tricolores qui hurlent la *Marseillaise.*

1799. Le peuple de Milan secoue le joug des tricolores, et détruit les signes de leur prétendue liberté.

29. *Lundi. Sainte Marie, ég.* 9. *Nonidi. Hyacinthe.*

1793. Combat entre les Français et les Prussiens, près de Landau, sans avantage décidé.

1798. L'arbre de la *liberté* est planté à Clèves

30. *Mardi. Saint Eutrope.*   10. *Décadi. Râteau.*

1798. Lamarque se plaint d'un écrit sur les élections, qui critique la moralité des élus. Il ose proposer d'interdire à la presse le droit de signaler au peuple l'immoralité de ceux qui sollicitent ses suffrages. « Sans cette défense, dit-il, le corps législatif finirait par n'être composé que d'hommes nuls ou d'ennemis de la république. » Ainsi les soutiens des trois couleurs, suivant Lamarque, sont des hommes immoraux, et les hommes moraux sont ses ennemis. Quels enseignements pour la postérité !!

1ᵉʳ MAI. — 11 Floréal.

D. Q. 6. N. L. 13. P. Q. 20. P. L. 28.

1ᵉʳ. *Mercredi. Saint Philippe.*   11. *Primidi-Rhubarbe.*

1790. Marseille voit verser le sang de ses concitoyens.

1793. Combat près de Valenciennes. Le général Dampierre y est blessé mortellement.

2. *Jeudi. Saint Athanase.*   12. *Duodi. Sainfoin.*

1789. Les députés des trois ordres sont présentés à Louis XVI.

1794. MM. Tassin, banquier, son frère et quarante-deux officiers et grenadiers du bataillon des Filles-Saint-Thomas (garde nationale), sont guillotinés.

3. *Vendredi. Inv. sainte croix.*   13. *Tridi. Bâton d'or.*

1790. Massacres à Toulon.

1793. Le maire Pache préside à la commune. On y délibère les motions les plus affreuses, et surtout celle-ci : « De faire poignarder les vingt-deux membres les plus modérés de la Convention. » (V. 1ᵉʳ juin.)

4. *Samedi. Ste. Monique.*   14. *Quartidi. Chamérisier.*

1789. Procession des états-généraux à Versailles.

1790. Par un décret de l'assemblée nationale les juges cessent d'être inamovibles.

1795. Stofflet conclut la paix avec les tricolores.

5. *Dimanche. C. s. August.*   15. *Quintidi. Ver à soie.*

1789. Ouverture des états-généraux de France.

1794. M. Collin et dix autres conseillers municipaux

de la Moselle sont guillotinés, pour n'avoir pas fait exécuter les ordres vandales de la Convention.

6. *Lundi. Rogations.*   16. *Sextidi. Consoude.*

1794. L'arbre de la liberté est coupé pendant la nuit dans la commune de Bédouin. Ne pouvant découvrir les coupables, le représentant Maignet, qui l'a fait couper, fait égorger soixante-trois habitants. Toutes les maisons sont livrées aux flammes. Les champs condamnés à la stérilité. Des barils de poudre font sauter un édifice qui avait coûté 300,000 francs.

1798. M. de Beuville, proscrit, étant rentré en France, est arrêté, condamné à mort par un conseil de guerre, et fusillé à la plaine de Grenelle. Toujours du sang !

7. *Mardi. S. Stanislas.*   17. *Septidi. Pimprenelle..*

1794. M. Lavoisier et vingt-sept fermiers généraux périssent sur l'échafaud. M. Lavoisier, le plus savant physicien du siècle, demande quelques jours pour achever une expérience très-utile et presque terminée. Le juge tricolore lui répond : « La nation française n'a pas besoin de savants. » Il est immédiatement envoyé à la mort !

1795. Supplice de Fouquier-Thinville et de quinze de ses complices. La Convention réserve le même sort à Joseph Lebon. Bien que cette exécrable assemblée ait applaudi vingt fois à tous ses crimes, elle croit les rejeter sur lui seul en le livrant à une commission chargée de l'accuser.

8. *Mercredi. S. Désiré.*   18. *Octidi. Corbeille d'or.*

1792. Grâce à la plus infâme amnistie, le chef des assassins tricolores d'Avignon, Jourdan, surnommé *Coupe-*

tête, donne le scandaleux spectacle d'une entrée triomphante dans cette ville.

9. *Jeudi. Ascension.*   19. *Nonidi. Arroche.*

1790. Montauban voit au nom de la liberté six assassinats se commettre dans ses murs.

— Valence voit se commettre les mêmes horreurs.

1794. A Paris, quinze hommes, dix femmes et filles sont guillotinés.

10. *Vendredi. S. Gordien.*   20. *Décadi. Sarcloir.*

1793. Prise de Partenay par les Vendéens.

— La Convention tient sa première séance dans la salle des Tuileries.

1794. Mort de madame Élisabeth, sœur de Louis XVI, et de vingt-quatre autres personnes. Elle refusa de quitter la France, préférant partager les malheurs de son auguste frère. Ainsi périt sur l'échafaud, de la main des tricolores, la meilleure des femmes, celle qui par ses vertus fut surnommée, par Napoléon, l'ange de la France.

Les tricolores qui pensent légitimer tous ces crimes en alléguant leur nécessité, peuvent-ils prétendre que cet attentat dont l'horreur accable, pût leur être profitable? Non, la haine, la vengeance et l'amour du crime les poussaient seuls à verser le sang de toutes ces victimes innocentes et inoffensives.

11. *Samedi. S. Mamert.*   21. *Primidi. Satice.*

1745. Bataille de Fontenoy, gagnée par Louis XV sur les Anglais. Après le combat, le roi fait parcourir au dauphin le champ de bataille. Le jeune prince, frémissant, voit au naturel ce qu'il n'avait encore vu que dans l'histoire. Et que voit-il? Des milliers de morts, de mourants, de blessés

qui, oubliant qu'ils étaient ennemis, se bandent mutuel-
lement les blessures qu'ils avaient reçues; d'autres, luttant
contre le trépas, se roulent dans leur sang et mordent la
poussière. A ce spectacle, le dauphin s'attendrit; le roi
lui dit : « Vous voyez, mon fils, qu'il en coûte à un bon
cœur de remporter des victoires. »

1794. Les ecclésiastiques infirmes ou septuagénaires,
qui ne peuvent être déportés, sont condamnés à la réclu-
sion.

— M. Fougeret, receveur-général, et sept autres personnes, périssent aux acclamations et hurlements des tricolores.

12. *Dimanche. S. Léon.*   22. *Duodi. Fritillaire.*

1791. A Tulle, deux citoyens sont massacrés.
1793. Combat de la Châtaigneraie. Lescure contre les
tricolores.
— On lit dans un décret sur les écoles, l'article suivant :
« Seront expulsés des écoles militaires les élèves *dénoncés*
pour cause d'incivisme. » Le *civisme* d'un enfant, et des
élèves *dénoncés!* Comme ces mots figurent bien dans une
loi.

13. *Lundi. S. Servais.*   23. *Tridi. Bourache.*

1794. MM. d'Arlincourt père, Douét et Mercier, fermiers généraux, portent leurs têtes sur l'échafaud.
1796. Cent millions sont alloués pour les dépenses secrètes du Directoire.

14. *Mardi. S. Pacôme.*   24. *Quartidi. Valérine.*

1794. M. Fenard et trois autres prolétaires, accusés
d'être les *ennemis de la souveraineté du peuple,* sont guillotinés.

15. *Mercredi. S. Isidore.*   25. *Quintidi. Carpe.*

1768. Conquête de la Corse sur les Génois.

1791. Des carriers des environs de Montreuil, près Paris, payés, d'après leurs aveux, par des féroces tricolores, s'introduisent le soir dans le couvent des sœurs de la charité, et poussent l'audace jusqu'à flageller ces saintes filles aussi cruellement qu'indécemment.

16. *Jeudi. S. Honoré.*   26. *Sextidi. Fusain.*

1770. Louis XVI, alors dauphin, épouse Marie-Antoinette d'Autriche.

1791. A Castelnau, cinq citoyens sont massacrés.

1794. La Convention accorde au tricolore Gamin une pension de douze cents livres pour le payer du service infàme qu'il a rendu, en calomniant lâchement le bon roi Louis XVI.

1797. Augereau prend possession de la république de Venise, s'empare de la flotte et enlève de l'arsenal les canons et munitions de guerre. C'est ainsi que les tricolores, au mépris du droit des gens, s'approvisionnent aux dépens des neutres! (V. 23 juin et 17 oct.)

17. *Vendredi. S. Montain.*   27. *Septidi. Civette.*

1795. Nos armées se sont couvertes de gloire, mais leurs victoires produisent un effet déplorable et funeste à la liberté. Jamais la France n'était tombée à un tel degré d'épuisement, de misère et de dégradation; fléaux qui prirent leur source dans les violences atroces et absurdes des tricolores, dont le comité de salut public fut le régulateur. Pendant plusieurs jours chaque habitant ne reçoit que deux onces de pain noir.

18. *Samedi. S. Félix. V. j.*   28. *Octidi. Buglose.*

1774. Louis XVI affranchit de toutes servitudes les paysans de ses domaines, abolit les corvées, autres droits et abus.

1798. Le général Bonaparte part de Toulon pour l'Égypte, avec une flotte de 194 voiles.

19. *Dimanche. Pentecôte.*   29. *Nonidi. Sénevé.*

1789. Le clergé renonce volontairement à ses priviléges pécuniaires. (V. 23 mai.)

NOMBRE DE LOIS RENDUES PAR LES TRICOLORES.

Du 17 juin 1789 au 30 septembre 1791, par la Constituante.	3,428
Du 1er octobre 1791 au 20 septembre 1792, par l'Assemblée législative.	2,190
Du 21 septembre 1792 au 26 octobre 1795, par la Convention.	15,414
Du 27 octobre 1795 au 9 novembre 1799, par le Corps législatif.	1,239
Total.	22,271

20. *Lundi. S. Bernard.*   30. *Décadi. Houlette.*

1789. Serment du jeu de paume.

1795. Aujourd'hui, le peuple *considérant : que le gouvernement le laisse mourir de faim et que la révolte est le plus saint des devoirs*, arrète que les citoyens de *tout sexe* se porteront à la Convention pour lui demander du pain et l'arrestation des membres du gouvernement actuel.

Les portes de la Convention sont forcées. Le député Ferraud est blessé mortellement au sein de l'assemblée. Les tricolores, suivant leur habitude barbare, lui coupent la tête, la portent au bout d'une pique et la présentent à Boissy-d'Anglas, qui s'incline devant le martyr de l'amitié. Cette tête, entourée de drapeaux tricolores, parcourt les rues de Paris. (V. 21.)

21. *Mardi. S. Hospice.*   1ᵉ *Prairial. Prim. Luzerne.*

1793. Combat de Chatillon. Larochejaquelin contre les tricolores.

— Miackzinski, général polonais, est guillotiné sur la place dite de la Révolution, et sa tête montrée au peuple.

1794. M. Laffilard, argentier-orfèvre, périt sur l'échafaud.

1795. Menou et Tallien, à la tête de 30,000 hommes, marchent contre le faubourg Saint-Antoine, où une deuxième Convention, établie par les jacobins au nom du peuple souverain, commande une foule armée; mais les habitants de ce faubourg effrayés déposent leurs armes; les jacobins, pour apaiser la fureur de leurs adversaires, ont la lâcheté de leur livrer leurs chefs, mais Ruhl se donne la mort. Les députés Romme, Bourbotte, Duquesnoy, Goujon, Dervy et Soubrani, sont condamnés à mort. Ils se poignardent tous sous les yeux de leurs juges, trois se manquent, ils sont portés à l'échafaud. On traîne à leur suite les cadavres de ceux qui ont réussi à se donner la mort.

22. *Mercredi. IV Temps.*   2. *Duodi. Hémérocale.*

1795. Tallien, Fréron et autres tricolores, devenus réactionnaires par hypocrisie et par calcul, organisent des bandes aux trois couleurs, et au nom de la république, dont ils sont devenus les partisans *modérés*, ils égorgent dans toute la France les prisonniers et ceux des jacobins non encore ralliés.

23. *Jeudi. S. Didier.*   3. *Tridi. Trèfle.*

1789. La noblesse renonce comme le clergé à ses privi-léges pécuniaires. (V. 19 mai.)

24. *Vendredi. S. Donatien.*   4. *Quartidi. Angélique.*

1774. Louis XVI. Les habitants de Passy réclament sa justice contre un boulanger de leur village, qui, abusant de l'affluence du peuple qui se presse pour voir son nouveau roi, vend six sous au-delà de la taxe le pain de quatre livres. Louis XVI, après avoir entendu la plainte, entend l'accusé qui confesse sa faute, et se jette aux pieds de S. M. et implore sa grâce. « Mon ami, lui dit-il, si tu m'avais trompé, je pourrais te faire grâce ; mais je ne la ferai jamais aux ennemis de mon peuple.

1791. A Colmar, les égorgeurs inspirent la terreur par leurs forfaits.

25. *Samedi. S. Urbain.*   5. *Quintidi. Canard.*

1794. Décret horrible portant qu'on ne fera aucuns prisonniers de guerre, et qu'aussitôt ils seront massacrés ; une partie de l'armée exécute ponctuellement cet ordre, l'autre partie a le courage de s'y refuser. Cette conduite n'est qu'à demi honorable, elle l'eût été complètement si ces braves eussent foulé aux pieds le drapeau des égorgeurs de septembre, d'octobre, etc., et si prenant le drapeau français ils eussent chassé les oppresseurs de leur patrie.

26. *Dimanche. Trinité.*   6. *Sextidi. Mélisse.*

1794. Milcent, rédacteur du journal le *Créole-patriote,* est guillotiné.

1798. Rupture avec l'Amérique.

— Déficit dans les recettes de 62 millions. Beaucoup de nouveaux impôts sont créés pour couvrir ce déficit ; entre autres, les annonces insérées dans les journaux sont assujetties au timbre, les pièces d'étoffe sont revêtues d'un plomb au timbre de 25 c., la fabrication du papier est imposée, etc.

27. *Lundi. S. Hildev.*   7. `Septidi. Fromental.`

1793. Analyse de l'adresse aux Français, de la part de tous les chefs des armées vendéennes.

« Le ciel se déclare pour la plus juste des causes. Le drapeau blanc l'emporte de toutes parts sur les drapeaux sanglants de l'anarchie. Nos principes nous ont toujours portés à rendre le bien pour le mal, à épargner le sang de ceux qui versaient à grands flots celui de nos frères, de nos parents et de nos amis ! Que la conduite de ceux qui osent se dire patriotes soit mise en parallèle avec la nôtre : ils égorgent nos prisonniers au nom de la loi, et nous avons sauvé les leurs au nom de l'humanité ! A Bressuire, ils ont coupé par lambeaux des hommes qu'ils avaient pris sans armes, tandis que nous traitions comme des frères ceux que nous avions pris les armes à la main ; quand ils pillaient ou incendiaient nos maisons, nous faisions respecter de tout notre pouvoir eux et leurs propriétés. Tricolores, nos ennemis, que nous opposerez-vous encore ? Vous nous accusez de bouleverser notre patrie par la rébellion, et c'est vous qui, sapant tous les principes politiques, avez les premiers proclamé que l'insurrection est le plus saint des devoirs. D'après ce principe qui nous justifierait à vos yeux, si la plus juste des causes (celle de la liberté) avait besoin d'être justifiée, vous avez introduit à la place de la religion, l'athéisme ; à la place des lois, l'anarchie ; à la place du roi qui fut notre père, des hommes qui sont nos tyrans. Votre mauvaise foi vous fait nous reprocher notre fanatisme religieux, vous que le fanatisme de la domination porte chaque jour à faire couler des flots de sang dans notre patrie ; le bandeau de l'erreur est à moitié déchiré. O nos concitoyens, jugez-nous et jugez nos persécuteurs ! Qu'ont-ils fait ? Ils se sont amassé des trésors au prix de vos larmes et de votre sang.

Deux étendards volent sur le sol des Français, celui de l'honneur et de la liberté et celui du crime et de l'anarchie ; marchons tous d'un commun accord, chassons nos oppresseurs, qui ont fait du plus riche et du plus florissant royaume, un cadavre, objet de pitié et d'horreur. C'est alors que terminant une guerre dont les défaites et les triomphes ne sont que de vraies calamités pour notre mère-patrie, nous proclamerons avec la paix de la France une fraternité réelle, nous nous unirons tous au sein de la paix, pour opérer le bien général. Tels sont nos vœux et ceux de tous les Français ; qu'ils osent le manifester, et la France est sauvée avec la liberté.

Fait au quartier-général, à Fontenay-le-Comte, le 27 mai 1793. »

Les brigands étaient du côté des tricolores, et si le reste de la France eût eu l'énergie des héros vendéens, nous eussions évité dix ans de tyrannies, de massacres et de pillages. Quelle admiration doivent inspirer les glorieux travaux des Vendéens ! Pendant vingt ans on les appela brigands, parce qu'ils s'opposaient aux projets des véritables brigands qui nous gouvernaient au nom d'une liberté, qui pour eux était celle de répandre du sang et de s'enrichir des dépouilles de leurs innombrables victimes.

1794. Exécution de M. de Mirepoix et de trois autres personnes.

28. *Mardi. S. Germain.*   8. *Octidi. Martagon.*

1791. Convocation de la première législature. Que de crimes nés d'un seul décret!

1793. A Lyon, dans une seule nuit, les tricolores plongent dans les prisons cent de ses principaux habitants pour les guillotiner le lendemain ; mais le peuple indigné les délivre.

29. *Mercredi. S. Maximin.*   9. *Nonidi. Serpolet.*

1793. A Lyon, douze mille citoyens irrités de la conduite infâme des tricolores s'arment pour résister à leur spoliation, à leur tyrannie ; effrayés, les tricolores écrivent aux proconsuls de l'armée des Alpes, et leur demandent des secours, qui, sitôt arrivés, tirent à mitraille sur le peuple. Alors le combat s'engage ; le feu dure cinq heures, les morts et les mourants jonchent les rues ; à huit heures du soir, les tricolores sont victorieux, l'ordre règne à Lyon.... et douze cents cadavres gisent sans sépulture !... (V. 30 sept.)

30. *Jeudi. Fête-Dieu.*   10. *Décadi. Faulx.*

1793. Les Lyonnais se rallient de nouveau sur la place des Carmes, pendant que leurs cruels vainqueurs se livrent à toutes sortes d'orgies, les attaquent, les chassent, se rendent maîtres de la ville et installent une autre municipalité.

1794. Un arrêté du tricolore Lecarpentier, pris à Saint-Malo, adresse pour la guillotine, au comité de salut public, vingt-neuf détenus, au nombre desquels se trouvent douze femmes. Cet horrible envoi est accompagné de ces mots : *voilà du gibier.*

31. *Vendredi. Ste. Pétronille.* 11. *Primidi. Fraise.*

1793. La montagne victorieuse décrète l'arrestation et la mise hors la loi de soixante-deux députés accusés d'être modérés. (V. 2 juin.)

— Un fléau ne vient jamais seul; dans la nuit les vignes sont gelées. Un vigneron d'Argenteuil, désespéré de voir ses vendanges perdues, s'écrie dans un cabaret : « Maudit soit cet infernal 31 mai! » Traduit pour ce propos au tribunal révolutionnaire, il a beau vouloir expliquer le mal-entendu, on ne l'écoute pas, il est condamné à mort et exécuté !!! Les tricolores n'admettent pas *les circonstances atténuantes quand il s'agit de politique.*

1794. M. Simonet est guillotiné.

1er JUIN. — 12 Prairial.

D. Q. 4. N. L. 11. P. Q. 18. P. L. 27.

1er. *Samedi. S. Pamphile.*   12. *Duodi. Bétoine.*

1793. Dès que la victoire de la Montagne sur les Girondins est assurée par l'insurrection du 31 mai, Guffroy s'écria : « Enfin les aristocrates vont, comme saint Denis, porter leurs têtes à *madame Guillotine.* Abattons tous les nobles; tant pis pour les bons, s'il y en a , la France aura assez de cinq millions d'habitants. » Le bon tricolore! il n'en proscrit que 24.

1794. M. Baillon de Saint-Cyr et huit autres particuliers périssent par la main du bourreau.

2. *Dimanche. S. Pothin.*   13. *Tridi. Pois.*

1781. Le général de Bouillé enlève aux Anglais l'île de Tabago.

1793. Soixante-treize autres députés modérés sont envoyés dans les prisons de Paris. (V. 31 mai.)

3. *Lundi. Ste. Clotilde.*   14. *Quartidi. Acacia.*

1794. Le maire et tout le conseil municipal de Sedan, au nombre de vingt-neuf, périssent sur l'échafaud pour avoir, avec Lafayette, protesté contre les violences faites au roi le 10 août 1792 et contre la destruction de la constitution.

1796. Tarbé, au nom de la commission des colonies , dit : « Les assemblées nationales n'ont rendu que des dé- « crets atroces et abominables... » Il est interrompu par les tricolores qui ont participé à rendre ces décrets, et ils demandent que ce rapport soit renvoyé à la commission pour en présenter un autre *plus digne du conseil*, c'est-à-dire moins vrai.

4. *Mardi. S. Quirin.*   15. *Quintidi. C. A.*

1798. Les villes de Périgueux et de Limoges sont mises
hors la loi. *Doux régime!*

5. *Mercredi. S. Boniface.*   16. *Sextidi. OEillet.*

1791. Décret qui ôte au roi le droit de faire grâce.

1795. On annonce à la Convention ravie la mort du fils
de Louis XVI, âgé de dix ans deux mois. L'enfant roi
était livré entre les mains d'une mégère et d'un savetier
qui se plaisaient à flétrir son âme en le forçant, par
leurs mauvais traitements, à chanter les chansons les
plus obscènes. Les aliments et l'air même nécessaires à la
vie ne lui étaient accordés qu'à peine.

La nuit, ce savetier appelait cet infortuné prince pendant qu'il dormait : Capet, Capet! criait-il d'une voix
épouvantable ; et lorsque cet intéressant enfant était arrivé tout tremblant au lit de son bourreau, le fidèle agent
des conventionnels l'étendait à terre d'un coup de pied en
lui criant : Va te coucher, louveteau!

6. *Jeudi. Oct. Fête-Dieu.*   17. *Sextidi. Sureau.*

1794. La Convention décrète que les représentants du
peuple porteront le panache et la ceinture tricolores à
la fête de l'Être-Suprême, et tous les Français la cocarde.

7. *Vendredi. S. Paul cé*   18. *Octidi. Pavot.*

1790. Huit habitants des environs de Nîmes sont massacrés.

1793. Le 10 août, la république s'est faite contre les
constitutionnels ; le 31 mai, la terreur se fait contre les
modérés de la république. Les terroristes, maîtres absolus,
se divisent, et les plus habiles envoient au supplice ceux de
leurs amis qui leur portent ombrage : ces plus habiles à leur

tour subissent le même sort, ce qui plus tard donna naissance à une gravure représentant la Convention sous la forme d'un homme qui se guillotine, au bas de laquelle on lit ces vers

« Admirez de Samson l'intelligence extrême,
« Par le couteau fatal, il a tout fait périr.
« Dans cet affreux état, que va-t-il devenir ?...
 « Il se guillotine lui-même !.. »

8. *Samedi. S. Médard.*   19. *Nonidi. Tilleul.*

1794. Établissement du culte de la *Raison.* « Mortels, s'écrie Hébert en tenant par la main une femme couverte d'un voile, cessez de trembler devant les foudres impuissantes d'un Dieu créé par nos terreurs; ne reconnaissez pas d'autre divinité que la *Raison.* « Je viens vous en offrir l'image la plus noble et la plus pure. » Et cette image de la divinité des tricolores est une fille publique, une prostituée !

9. *Dimanche. S. Liboire.*   20. *Décadi. Fourche.*

1793. Les héros Vendéens s'emparent de Saumur et d'Angers, d'où ils ont chassé les soutiens du despotisme.

10. *Lundi. S. Landry.*   21. *Primidi. Barbeau.*

1791. Bataille et prise de Saumur par Cathelineau sur les tricolores.

1794. Loi : « Le tribunal révolutionnaire est institué « pour juger les ennemis du peuple ; et la peine qu'il doit « prononcer est celle de mort. L'évidence doit avoir le « droit de convaincre sans *témoins et sans écrits,* pour que « la justice nationale déploie l'attitude qui lui convient. »

Avant cette loi, il ne s'écoulait pas de jour à Paris sans que vingt-cinq à trente proscrits ne fussent conduits au supplice ; barbaries qui affaibliront dans l'histoire l'horteur des proscriptions de Sylla. Depuis cette loi, le nombre des victimes est doublé.

11. *Mardi. S. Barnabé.* 22. *Duodi. Camomille.*

1794. Les tricolores condamnent à mort *comme sorcière* Catherine Théot, âgée de 69 ans, avec quinze personnes ses complices! Dans ses prédictions, elle désignait Robespierre comme étant *le Messie promis par les prophètes.* Ces fous méritaient-ils le dernier supplice?

1798. Sans motifs, et en violation du droit des nations, l'amiral Brueys attaque et s'empare de Malte. Cet acte inique n'a profité qu'aux Anglais, qui nous l'ont repris et gardé.

12. *Mercredi. S. Basilide.* 23. *Tridi. Chèvrefeuille.*

1792. La grande fabrique des assignats date de ce jour. Elle est confiée à trois commissaires qui ne dépendent d'aucun ministre.

1794. Maignet établit à Orange une commission révolutionnaire qui, en quatre mois, fait périr quinze mille personnes. Les monstres qui la composent n'inspirent qu'horreur aux habitants; mais le comité de salut public publie qu'il est satisfait de sa conduite et qu'elle a bien mérité de la patrie!

13. *Jeudi. S. Antoine de P.* 24. *Quartidi. Caille-Lait*

1793. La Convention établit, par un décret, près de tous les tribunaux criminels, un exécuteur de leurs jugements.

1794. Les exécutions ne se font plus à la place de la Révolution, mais à la barrière ci-devant dite du Trône.

14. *Vendredi. S. Rufin.* 25. *Quintidi. Tanche.*

1789. Massacre de quatre-vingts catholiques à Nimes. Les tricolores tuent des prêtres au pied des autels, et ils osent, en les égorgeant, leur reprocher leur fanatisme!

1794. MM. Freteau, Lerebours et vingt-huit autres infortunés périssent sur l'échafaud.

15. *Samedi. S. Fargeau.*   26. *Sextidi. Jasmin.*

1790. Louis Bertrand, protestant, abjure et se fait catholique. Des volontaires tricolores des Cévennes arrivent dans sa maison. Leur chef reconnaît Louis, lui tire un coup de fusil et lui tranche la tête. Ce misérable, nommé *Gusgudet,* fut choisi pour député à la fédération du 14 juillet. Un de ses camarades passe une corde au cou de sa fille aînée et l'étrangle. D'autres tricolores traînent les autres enfants par les cheveux sur le pavé ; la grand'-mère est percée de coups de baïonnettes.

16. *Dimanche. S. Cyr.*   27. *Septidi. Verveine.*

1789. De Bausset, officier en garnison à Marseille, après les plus horribles traitements, est massacré par les tricolores, qui livrent ses restes sanglants à tous les outrages.

1794. Trente-huit prisonniers de Bicêtre ont la tête tranchée.

17. *Lundi. S. Avit.*   28. *Octidi. Thym.*

1789. A Valence, MM. Voisins et Sainte-Colombe sont égorgés par les tricolores, qui, près de Saint-Jean-d'Angely, massacrent le maire de Varaise.

Pascalis, avocat, voit les portes de sa prison enfoncées ; il en est arraché, ainsi que deux prisonniers accusés comme lui d'être contre-révolutionnaires. Tous trois sont massacrés ; leurs corps, mis en lambeaux, servent de pâture à quelques tricolores.

1794. Sartine, sa femme, de Sombreuil, Buriette, actrice aux Italiens, et cinquante autres victimes périssent par la main des bourreaux. Une des victimes n'est âgée que de seize ans.

18. *Mardi. Ste. Marine, v.*   29. *Nonidi. Pivoine.*

1793. Dix-sept hommes, dix femmes, trois filles, habitant Saint-Malo et ses environs, sont guillotinés comme suspects.

19. *Mercr. S. Ger. S. P.*   30. *Décadi. Chariot.*

1790. Anacharsis Clootz se présente à l'Assemblée nationale, suivi de plusieurs associés revêtus de tous les costumes des différents peuples de la terre, a l'impudence de s'annoncer comme chef de la députation du genre humain ; et cette ridicule jonglerie est prise au sérieux par l'assemblée nationale. (**V.** 27 août.)

20. *Jeudi. S. Silvère.*   1ᵉʳ *Messidor. Prim. Seigle.*

1792. Six à huit mille brigands, armés de piques, de poignards, de coutelas et de toutes sortes d'armes, envahissent les Tuileries ; un canon est traîné dans l'appartement du roi, dont la porte est renversée : *Entrez,* dit-il aux furieux qui réclament avec menace la sanction de barbares décrets. — *Ce n'est,* répond le roi, *ni l'instant de demander, ni celui d'accorder.* Cette réponse courageuse interdit les factieux ; il les calme en buvant à leur santé un verre de vin qu'on lui présente, et achève leur défaite en se couvrant d'un bonnet rouge qu'ils lui offrent. Les fanatiques demandent la tète de la reine. *La voici,* dit la princesse Élisabeth en se montrant ; on détrompe les forcenés, elle répond : *Ne vaut-il pas mieux qu'ils versent mon sang que celui de ma sœur ?* L'intention de Pétion, maire de Paris, et de Santerre, était de faire massacrer la famille royale. Ce coup manqué, ils se retirent et emmènent leurs sicaires. (V. 29 juin.)

21. *Vendredi. S. Leufroy.*   2. *Duodi. Avoine.*

1791. Le roi et la famille royale quittent Paris. (V. 24 juin.)

22. *Samedi. S. Paulin.*   3. *Tridi. Oignon.*

1792. Proclamation du roi sur les événements du 20 juin, dans laquelle il déclare que la violence ne lui arrachera jamais son consentement à des actes contraires à l'intérêt général, et qu'il s'exposera à tous les dangers plutôt que de manquer à son devoir.

1793. Décret qui ordonne de mettre un embargo sur les bâtiments de commerce, jusqu'à ce que les bâtiments de l'état soient complétés.

23. *Dimanche. S. Andri.*   4. *Quartidi. Véronique.*

1794. Claude, valet de chambre de Louis XV, meurt sur l'échafaud.

1797. Le représentant Dumolard s'étonne que l'armée française ait envahi le territoire de Venise ; il soupçonne que cet envahissement est destiné à faire dans l'histoire le pendant du partage de la Pologne. (V. 16 mai et 17 oct.)

Le 5 juillet suivant, des tricolores déclarent dans une pétition qu'ils sont indignés de la conduite d'un bon nombre de députés, surtout des Dumolard et Boissy-d'Anglas, exécration de la nation française, en faisant tous les jours des motions en faveur des proscrits. On voit que ce qui est vertu chez toutes les nations est réputé crime par ces scélérats, qui ne pardonneront jamais à Boissy son courage et son humanité. (V. 20 mai.)

24. *Lundi. N. de S. J.-B.*   5. *Quintidi. Mulet.*

1791. Le roi, arrêté à Varennes, est ramené prisonnier à Paris. M. Dampierre, dont les propriétés ne sont pas éloignées de la route que le roi suit, court sur son passage et s'approche de la voiture, exprime à la famille captive et malheureuse sa douleur. Dans sa vive émotion, il saisit la main du roi : à l'instant il est frappé de plusieurs balles et tombe aussitôt en criant *vive le roi!* Ses restes palpitants, mutilés, sont déchirés en lambeaux ; ses intestins sont fixés, en forme de guirlandes , autour des drapeaux tricolores. (V. 21 juin.)

1797. Jugement du tribunal de Vaucluse :

Attendu que Blahuet aîné a assassiné des prisonniers qu'il était chargé de conduire, dont six restèrent sur place et six autres furent grièvement blessés ; d'avoir également . assassiné plusieurs personnes dans les rues d'Orange, et, ce qui est plus grave, d'avoir marché à la tête d'un attroupement à Avignon , les 6 , 7 et 8 vend. an iv, contre la représentation nationale , mais vu le bon esprit qui l'anime (esprit tricolore), est mis en liberté.

25. *Mardi. S. Prosper.*   6. *Sextidi. Romarin.*

1792. Séance des Jacobins : « Il serait à souhaiter, s'écrie le député Chabot, que la cour fît attenter aux jours de quelques députés : ce serait la cause infaillible de quelque insurrection du peuple, et l'occasion d'un mouvement qui produirait une crise salutaire. »

Le député Grangeneuve, qui écoute ce discours, prend Chabot à part : « Vous avez raison, lui dit-il ; mais la cour ne nous fournira pas une si belle occasion ; il faut y suppléer et me tuer aux environs du château. » Chabot lui offre de partager son sort, deux morts devant faire plus d'effet qu'une. Ils conviennent des moyens et de l'heure. A onze heures du soir, rue St-Thomas-du-Louvre, Grangeneuve attend Chabot qui ne vient pas ; désespérant de recevoir le coup mortel, il rentre sain et sauf. Ainsi manque la plus horrible des trames, celle de précipiter du trône un homme d'honneur, après l'avoir flétri du nom d'assassin !

1794. Treize femmes et six jeunes filles, suspectées d'être *ennemies du peuple*, sont guillotinées.

26. *Mercredi. S. Babolein.*   7. *Septidi. Concombre.*

1794. Oscelin, ex-député, et trente-cinq victimes sont décapités.

27. *Jeudi. S. Crescent.*   8. *Octidi. Echalotte.*

1789. Par ordre du roi, la noblesse et le clergé se réunissent au tiers-état pour ne former qu'une seule assemblée.

1791. Le roi et sa famille sont prisonniers aux Tuileries. Des ôtages s'offrent de toutes les parties de la France pour réclamer la liberté du roi. Ce généreux dévouement sera plus tard un crime puni de mort.

1794. Les tricolores guillotinent vingt-deux personnes, hommes et femmes, dont tout le crime était d'aimer leur roi. Au nombre de ces victimes sont mesdames de Biron, de Broglie, etc.

1797. Le Marchand, dans un rapport sur la destruction des loups, fait une allusion de ces bêtes voraces, qui se réunissentpour attaquer les moutons, aux tricolores (jacobins) qui s'organisaient sur tous les points pour assassiner et voler les honnêtes gens.

28. *Vendredi. S. Irénée.*   9. *Nonidi. Absinthe.*

1794. Au cimetière, un large fossé, profond de trente pieds, entouré de tonneaux de chaux, attend les troncs mutilés des victimes, jugées à deux heures et guillotinées à quatre.

29. *Samedi. S. Pier. S. P.*   10. *Décadi. Faucille.*

1792. Vingt mille habitants de Paris signent une adresse dans laquelle ils demandent à l'Assemblée nationale la punition des crimes du 20 juin. De semblables pétitions lui sont adressées des provinces : elles sont rejetées par l'assemblée , et seront par la suite des titres de proscription pour leurs signataires.

30. *Dimanche. Com. de S. P.* 11. *Primidi. Coriandre.*

1795. Un décret apprend à la France que la fille de Louis XVI va sortir du Temple , et doit être rendue à l'Autriche en échange de quelques prisonniers. Jamais nouvelle ne causa tant de surprise et tant de joie. Tous les Français levaient leurs bras au ciel , et les agitaient comme s'ils venaient eux-mêmes d'être débarrassés des plus lourdes chaînes.

1ᵉʳ JUILLET. — 12 Messidor.

D. Q. 4.   N. L. 10.   P. Q. 18.   P. L. 27.

1ᵉʳ. *Lundi. S. Martial.*   12. *Duodi. Artichaux.*

1794. Les beaux-arts, les lettres, l'instruction publique, sont anéantis. Les tricolores plongent la France dans les ténèbres de l'ignorance, de la crédule stupidité, et font rétrograder la civilisation jusqu'au siècle de Néron.

1798. L'armée française débarque à Alexandrie.

2. *Mardi. Vis. de N. D.*   13. *Tridi. Giroflée.*

1793. Je suis un bon diable, disait Piorry, en se défendant de s'être insurgé contre la Convention. Voici comment le bon diable écrivait à la société populaire de Poitiers : « Vigoureux sans-culottes, je vous ai obtenu le patriote Ingrand pour aller dans vos murs. Songez qu'avec ce bon b..... de montagnard vous pouvez tout faire, tout briser, tout incendier, tout renfermer, tout déporter, tout guillotiner, tout *régénérer* : ne lui laissez pas une minute de repos, et que par lui tout tremble, tout croule, etc., etc. »

1798. La fille de M. d'Ambert adresse une pétition au conseil des Cinq-Cents, et le supplie de laisser la vie à son vieux père, accusé de s'être soustrait par la fuite à l'échafaud de 93. Cet impitoyable conseil rejette cette supplique, et M. d'Ambert est fusillé.

3. *Mercredi. S. Anatole.*   14. *Quartidi. Lavande.*

1790. Le représentant Lamourette arrête la fureur des factions, et les réconcilie en proposant que chacun prouve par un serment son attachement à la royauté et à la constitution. « Foudroyons, dit-il en terminant, par une exé-

cration commune et par un irrévocable serment, la république, etc., etc. » Ce serment est prêté à l'unanimité,
ces différentes factions se donnent le baiser de paix, depuis nommé le *baiser d'amourette*. (V. 12 janv.)

4. *Jeudi. Tr. de S. M.*   15. *Quintidi. Chamois.*

1794. Ordre de passer au fil de l'épée toutes les troupes
en garnison à Landrecies, Quesnoy, Valenciennes et Condé,
si elles ne se rendent pas dans les vingt-quatre heures de
la sommation qui leur en sera faite.

5. *Vendredi. S. Zoé.*   16. *Sextidi. Tabac.*

1794. Les tricolores guillotinent vingt-un membres du
parlement qui ont *osé* désapprouver leurs usurpations et
leurs crimes.
1795. Combat de Châtillon. Bonchamps contre les soutiens de la tyrannie et les incendiaires.
1798. Arrêté qui promet une récompense de 100 fr. à
ceux qui auront dénoncé ou arrêté un proscrit.

6. *Samedi. S. Tranquillin.*   17. *Septidi. Groseille.*

1794. Guadet, Salles et Barbaroux, sont exécutés à Bordeaux.
1798. Le Directoire a carte blanche pendant un mois,
pour faire des visites domiciliaires et emprisonner les suspects.
1799. S. S. le pape Pie VI est transféré à Grenoble.

7. *Dimanche. Ste. Aubierge.* 18. *Octidi. Gesse.*

1751. Etablissement de l'École militaire.
1794. Soixante-quinze magistrats de Toulouse ayant
protesté contre les premiers excès de la *Constituante*, sont
condamnés à mort. Ramenés dans les profondeurs de la
Conciergerie, le bourreau très-expéditif leur lie les mains
et leur coupe les cheveux, lorsque M. Pérez, leur confrère,

muni d'une *permission*, entre dans ces tristes lieux pour leur apporter quelques consolations. L'huissier met fin à des explications et des adieux lamentables, et fait son appel nominal, mais soixante-quatorze seulement répondent. L'appel répété donne le même résultat, car le soixante-quinzième condamné manque.

L'huissier contrarié interpelle le conseiller visiteur. M. Pérez ayant énoncé sa triple qualité d'ami, de parent, de confrère.—« C'est bien, reprend l'homme de la justice tricolore, il me faut soixante-quinze conseillers de ce parlement ; puisque tu es leur ami, tu ne refuseras pas de mourir avec eux. Valets, coupez les cheveux à cet homme ; ne perdons pas de temps, nous devrions déjà être partis. » Une heure après ces soixante-quinze victimes ont la tête tranchée !

8. *Lundi. Ste. Elisabeth.*   19. *Nonidi. Cerise.*

1793. Combat de Durtal. D'Autichamp contre les tricolores.

1794. Les tricolores continuent leurs massacres, 67 victimes sont guillotinées.

— Pétion et Buzot sont trouvés morts de faim dans un champ.

9. *Mardi. Ste. Victoire.*   20. *Décadi. Parc.*

1794. Nouveaux massacres ; la guillotine frappe trente-huit hommes, dix femmes et filles ; le jeune Sainte-Marie, âgé de quatorze ans, est condamné à vingt ans de détention et six heures d'exposition.

10. *Mercredi. Ste. Félicité.*   21. *Primidi. Menthe.*

1790. Le corps de Voltaire est porté au Panthéon.

1794. Trente-huit suspects, dont le seul crime est leur haute naissance, sont guillotinés.

11. *Jeudi. Tr. de S. B.*   **22.** *Duodi. Cumin.*

1794. Le président du tribunal ne peut supporter le calme des réponses de l'ancien greffier du parlement de Paris. Ce tricolore croyant avoir trouvé le moyen de l'irriter, lui demande s'il reconnaît cette salle. « Je la reconnais, dit Ysabeau, c'est ici où la vertu jugeait le crime, et où le crime aujourd'hui égorge l'innocence. » Cet infortuné est guillotiné.

12. *Vendredi. Tr. de S. P.*   **23.** *Tridi. Haricots.*

1789. Henriot, ancien laquais, ensuite contrebandier, puis espion de police, a commencé sa carrière par dévaster la fabrique Réveillon. Aujourd'hui 12, commis à la barrière Montreuil, il excite le peuple à la brûler ; bientôt nous le verrons général de la milice parisienne.

1792. Les députés et tous les fonctionnaires sont obligés de porter en écharpe et en ceinture les trois couleurs, présages des plus horribles forfaits.

1793. Couët et huit habitants d'Orléans sont exécutés à Paris, en chemises rouges.

— Après avoir accablé le département de l'Yonne sous le despotisme le plus atroce, et fait incarcérer près de deux cents personnes, le représentant *Maure* prétend donner à la ville d'Auxerre une fête consacrée *à la terreur*. Il arbore le drapeau des massacreurs de septembre, se couvre d'écharpes, de cocardes et de panaches tricolores, et fait hurler dans toutes les rues des chansons effroyables.

1794. Les tricolores continuent leurs massacres, 62 innocents sont guillotinés.

13. *Samedi. S. Turiaf.*   **24.** *Quartidi. Orcanète.*

1789. Pillage du garde-meuble et de Saint-Lazare, à

Paris. Les barrières sont en feu. Les boutiques des armuriers sont pillées, trente mille fusils sont enlevés aux Invalides, avec les canons qui s'y trouvent, par une bande de frénétiques bandits. Paris est consterné.

1793. L'infâme Marat est poignardé. Charlotte Corday exécute le généreux projet de sauver son pays, en abattant la tête de l'hydre qui le dévore. La mort de cet être féroce ne suspend aucun des plans arrêtés par les Jacobins; ce coup bien porté est mal adressé. Cet acte de Corday, que les anciens eussent divinisé, n'excite point les Français. Une jeune fille seule a montré la résolution d'immoler à la patrie un de ses barbares oppresseurs. Ah! si dans cette vaste France, vingt-cinq admirateurs de cette jeune française eussent ramassé son arme, et, rentrant dans les droits de la nature outragée, frappé vingt-cinq de ces furieux, sans doute la horde tricolore eût été saisie d'effroi, alors le sang cessait d'inonder le sol, la liberté reparaissait. Mais la plus entière résignation est le sentiment universel. (V. 17.)

1794. Les sanguinaires tricolores font tomber sur la place dite de la Révolution vingt-huit têtes.

1795. Le désordre est tel et la confusion est si grande dans les finances et dans les valeurs en circulation, que la Convention rend un décret qui suspend les remboursements entre particuliers. Ils ne savent plus comment régler le moindre compte entre eux.

14. *Dimanche. Sacré C. de J.* **25.** *Quintidi. Pintade.*

1789. Delaunay, gouverneur de la Bastille, après une courte résistance, signe une capitulation qui porte : « *La garnison sortira avec les honneurs de la guerre.* » Les assiégeants, dans la forteresse, aperçoivent une fille jeune et belle et tremblante; pensant qu'elle est fille de Delaunay,

ils la saisissent et apprètent un bûcher pour la brûler vive;
mais des grenadiers l'arrachent de leurs mains féroces, et
sans respect pour la capitulation, ils se précipitent sur le
gouverneur, qui est égorgé sous les yeux de sa jeune fille.
Le major de Losme et presque toute la garnison sont tués
à coups de fusil, d'autres sont pendus aux réverbères,
après avoir été horriblement mutilés

— Flesselles, prevôt des marchands, est massacré par
une bande tricolore, à cause de son caractère modéré.
Les têtes de toutes les victimes de cette journée, après
avoir été coupées, sont portées au bout des piques, de
l'Hôtel-de-Ville au Palais-Royal, d'où est parti le cri de
la révolte. Ces tricolores, couverts du sang qui en dé-
coule, les présentent aux fenêtres d'Orléans, et d'Orléans, qui a soldé le crime avec de l'or, appellera vainement encore le crime pour frayer le chemin du trône
à sa lâche ambition.

1790. Fédération du Champ-de-Mars. Le canon des
Invalides annonce à la France que le roi a prêté le serment auquel il restera fidèle, alors que les tricolores qui
le prêtent avec lui seront devenus parjures.

1794. Les tricolores fêtent la prise de la Bastille, qui
renfermait cinq scélérats. Ces tyrans en ont élevé dix
mille qui renferment trois cent mille Français de tout âge,
des deux sexes, et qui sont innocents.

15. *Lundi. S. Henri.*   26. *Sextidi. Sauge.*

1789. Lafayette est nommé commandant de la garde
nationale parisienne.

1792. A Aix, M. Desgrigny, jeune officier de marine,
est massacré. A Bordeaux, une dame Gaillardet est coupée
en lambeaux. On plante l'arbre de la liberté, et pour lui

faire prendre racine (style tricolore), quatre respectables citoyens sont traînés au pied de cet arbre, où ils sont immolés!

16. *Mardi. N. D. M. C.*   **27.** *Septidi. Ail.*

. 1789. Un malheureux meunier nommé *Sauvage*, venant de Poissy à Saint-Germain avec un convoi de blé, est lié à un poteau. Un tricolore monte sur le sommet de cette pièce de bois, et soulève le meunier suspendu par le cou. La corde se rompt, une autre est fournie aussitôt; il reçoit dans ce moment six coups de baïonnette; enfin un autre tricolore lui coupe la tête et la porte au bout d'une pique.

1791. Par décret de l'Assemblée nationale, la personne du roi est déclarée inviolable. Comme ces tricolores respecteront cette loi et leurs serments!

17. *Mercredi. S. Spérat.*   **28.** *Octidi. Vesce.*

1789. Louis XVI reçoit à Versailles une députation de la commune, qui le mande à Paris pour nommer de nouveaux magistrats à la place de ceux égorgés. Le roi promet. Ses amis frémissent à cette résolution et cherchent à l'en détourner. « Qu'ai-je fait, dit-il, à mon peuple, pour qu'il me veuille du mal? J'ai promis, mes intentions sont pures, je m'y confie; il doit savoir que je l'aime; il fera de moi ce qu'il voudra. » Arrivé aux portes de la capitale, il y est reçu par trois mille jeunes cavaliers et un plus grand nombre de fantassins: sans autre escorte, il traverse cette foule bigarrée, armée de piques, de mousquets, de longs bâtons, garnis de baïonnettes qui se croisent et font voûte sur sa tête. Il entend des discours aux barrières, à l'Hôtel-de-Ville. Toujours affectueux, il y répond; les égorgeurs lui présentent leur cocarde qu'ils ont l'impudence de qualifier de nationale; il la fixe à son chapeau.

1791. Les bandes de Robespierre, de Brissot et d'Orléans se portent au Champ-de-Mars; là, elles égorgent deux inoffensifs invalides sur les marches de l'autel de la patrie, et portent en triomphe au bout de piques ces têtes! Plaisirs habituels de cette secte sanguinaire.

— Lafayette, sans faire les trois sommations voulues par la loi, commande de tirer sur le peuple; des hommes, femmes et enfants sont tués. Dans leur effroi, les masses portent à plus de mille les morts et les mourants.

1793. Mort de l'héroïque Charlotte Corday. (V. 13.)

— Les soldats à la bannière tricolore vont incendier Chollet, mais les Vendéens accourent et les mettent en déroute.

18. *Jeudi. S. Thomas d'Aq.* 29. *Nonidi. Blé.*

1794. M. Magnon, ex-banquier, vieillard de 81 ans, treize hommes, une femme et seize religieuses carmélites, sont guillotinés *comme ennemis du peuple* parce qu'ils ont cherché à soustraire un proscrit à la hache des tyrans.

1796. Le gouvernement fait banqueroute de *trente-deux milliards* d'assignats, qui restent dans les mains du peuple.

19. *Vendredi. S. Vinc. de P.* 30. *Décadi. Cholémie.*

1789. Les massacres du 14 encouragent des hommes sans aveu à tous les forfaits; une cocarde tricolore au chapeau, ils s'élancent dans toutes les directions, paraissent dans tous les marchés, crient aux armes! Des troupes d'assassins se réunissent sous les yeux des magistrats, qui ne peuvent s'y opposer; elles trouvent des chefs qui les guident à l'incendie des châteaux, et ces vandales qui ont pris pour devise *guerre aux châteaux*, font parvenir à Paris des rapports qui rejettent sur les royalistes ces affreuses exécutions, et abusent ainsi de la crédulité du peuple pour assurer leur triomphe.

1794. Onze hommes, trois femmes et trois filles sont guillotinés comme *ennemis du peuple*.

20. *Samedi. Ste. Marguerite.* 1er *Thermidor. Pr. Epeautre.*

1789. Insurrection à Strasbourg. Quelques misérables, excités par l'exemple de Paris, ne gardent aucune mesure. Des tricolores font le siége de la maison commune; ils demandent la tête des magistrats; et dans l'absence de ceux-ci, tout est saccagé, pillé, depuis les archives jusqu'aux provisions renfermées dans les caves. Les prisons sont forcées, un grand nombre d'habitants blessés; huit hommes et une femme perdent la vie.

1795. A Vannes, dans un conseil de guerre, le général Hoche dit à ses officiers : « Voyez les habitants, avec quel empressement ils courent au devant de nos ennemis. Je viens de parcourir le pays, le deuil était sur notre passage. Les mères en nous montrant à leurs enfants, leur disaient: *Voilà les soutiens de cette horrible Convention!* etc. » Ces braves disaient vrai : si vous eussiez été un homme d'honneur, un vrai libéral, votre devoir était de vous unir aux Vendéens, d'arborer leur bannière et de renverser du pouvoir les oppresseurs de notre patrie. (V. 22.)

21. *Dimanche. S. Victor.* 2. *Duodi. Bouillon-blanc.*

1789. Les listes de proscription, dressées au Palais-Royal, continuent d'être mises à exécution.

— Le conseiller Foulon, vieillard de 74 ans, est arrêté à Vezy, à cinq lieues de Paris; ses mains sont liées

tenant un bouquet de chardons ; une couronne d'orties
est placée sur sa tête, et du foin dans sa bouche. Conduit
à l'Hôtel-de-Ville, ce respectable vieillard dont tout le
tort est son amour pour le bien, est entraîné vers la lan-
terne, les tricolores lui font subir une mort horrible et
lente. Déjà sa tête est suspendue au bout d'une pique.
Berthier, intendant de Paris, arrêté, est amené en présence de la tête sanglante de son beau-père, il s'incline
avec respect ; les forcenés vont le pendre au même réver-
bère, il résiste, son corps est mis en pièces. Un des tricolores plonge le bras dans la plus large de ses blessures,
lui arrache encore vivant le cœur, qu'il porte palpitant
sur la table du comité. C'est un hommage à cette souveraineté tricolore, née de l'usurpation et du crime.

1795. Paix entre la France et l'Espagne.

22. *Lundi. Ste. Magdelaine.* **3.** *Tridi. Melon.*

1794. Les tricolores continuent de s'enivrer à longs
traits du sang des Français ; dix-neuf hommes, six
femmes, sont guillotinés.

1795. A Quiberon, les royalistes sont trahis par les tricolores qu'ils ont admis dans leurs rangs ; le jeune et
brave de Sombreuil se rend prisonnier, à condition que
ceux qu'il commande auront la vie sauve. Au mépris
de cette capitulation, Tallien ordonne qu'ils soient tra-
duits devant la commission militaire d'Auray ; mais celle-
ci refuse son ministère à ce massacre ; alors une commission d'officiers étrangers, rebut de tous les pays, au service des tricolores, exécute de sang-froid ce massacre qui
dure plusieurs jours.

23. *Mardi. Ste. Apolline.* **4.** *Quartidi. Ivraie.*

1789. M. de Montesson, frère du député de ce nom,
et M. Cuveau, son beau-père, adjoint au maire de la

ville du Mans, sont arrachés du château de Juigné et conduits à Balcon. Pendant le trajet, des forcenés les percent avec des fourches et des épées : après leur avoir coupé le nez et les oreilles, on leur trancha la tête en présence des magistrats du lieu, contraints d'assister à cette atroce exécution.

1794. Les sanguinaires tricolores sont en jubilation ; le général Beauharnais et quarante-cinq autres personnes expirent sous le *rasoir national* (la guillotine).

24. *Mercredi. Jours canicul.* 24. *Quintidi. Bélier.*

1794. Trente-six victimes montent sur l'échafaud entouré de drapeaux tricolores.

— Depuis un an l'échafaud est en permanence sur la place dite de la Révolution. La terre ne peut aspirer tout le sang versé par les tricolores, il va lentement rougir les eaux de la Seine. Les pieds des passants s'impriment sur le pavé sanglant. Les malheureuses victimes jugées de midi à deux heures, sont exécutées à quatre. Les forces des bourreaux s'épuisent, les tranchants s'émoussent, et leurs dernières victimes expirent dans un long martyre, en poussant des cris déchirants qui auraient attendri les tigres les plus féroces, et qui, là, n'excitent que les railleries des tricolores.

25. *Jeudi. S. Jacques.* 6. *Sextidi. Prêles.*

1792. Massacres à Arles. — Permanence des sections de Paris. — Grand repas donné aux fédérés.

1794. Le poète Roucher, la maréchale d'Armentières, les princesses de Chimay et de Monaco, Maupeou, avec vingt-une autres personnes, sont décapités par les tricolores, qui battent ainsi monnaie sur l'échafaud.

26. *Vendredi. Tr. de S. M.* 7. *Septidi. Armoise.*

1794. Le duc de Clermont-Tonnerre, âgé de soixante-

quatorze ans, et cinquante-deux autres victimes sont immolés par les fanatiques tricolores. Le vieux Loizerolle,
en père généreux, se fait guillotiner à la place de son
fils, tant les bourreaux sont indifférents dans leurs massacres.

— Le vindicatif Robespierre veut arriver au pouvoir
suprême, et pour atteindre ce but, il est résolu à immoler
tous ses collègues qui lui portent ombrage. Ces viles
créatures, qui avaient participé à tous ses crimes, auraient
abandonné à ses cruautés tous les Français, s'ils ne se fussent aperçus qu'il voulait les frapper eux-mêmes ; à ce
sujet Barrère dit : « S'il ne nous demandait que Thuriot,
Lami, Rovère, Lecointre, etc., et tous les dantonistes, à
la bonne heure ; mais il y fera joindre nous et ses amis. »
Billaud dit à Robespierre : « Ton décret prouve que tu
veux faire guillotiner la Convention. » Ici naît la guerre
entre ces tricolores également ambitieux.

La perspective de la mort relève le courage de ces hideux conventionnels. Robespierre, dans un long discours,
finit par demander une *épuration* si nombreuse, qu'il n'y
en a aucun qui ne croie voir la hache levée sur sa tête ; et
aussitôt la terreur qu'il vient d'inspirer retombe sur le
proscripteur troublé. Ce premier succès engage la terrible
lutte qui finit dans le sang de l'une des factions.

27. *Samedi. S. Georges.*   8. *Octidi. Carthame.*

1792. Despréménil est déhabillé, sabré et battu au
Palais-Royal.

1794. Sur la demande du tricolore Barrère, quatre-
vingts personnes des deux sexes sont guillotinées. Le peuple
fait des efforts pour arrêter les voitures et empêcher ces
exécutions ; mais Henriot arrive à la tête de la force armée
et parvient à faire continuer la marche fatale.

— Le terroriste Tallien a employé la nuit du 26 au 27 à rallier contre Robespierre la majorité de la Convention. Enfin la séance s'ouvre. Robespierre paraît et se voit assailli par des murmures. Saint-Just veut parler, Tallien l'interrompt et accuse Robespierre et ses intimes créatures de vouloir faire guillotiner la Convention pour arriver au trône ; d'avoir empêché la punition d'un secrétaire du comité, convaincu du vol de 1,400,000 francs, etc. Robespierre essaie de prendre la parole, mais inutilement ; s'il l'eût obtenue, il eût pu confondre cette assemblée de scélérats, qui, presque tous, s'étaient enrichis des dépouilles de leurs victimes ou des deniers publics. Dans sa rage, il s'écrie : « *Pour la dernière fois, je te demande la parole, président d'assassins.* » Mille vociférations s'élèvent.

L'idole détruite, ses plus vils courtisans, qui la veille l'encensaient de leurs adulations et approuvaient toutes ses cruautés, l'accablent d'imprécations ; dans leur lâcheté, ils sentent que c'est pour eux une garantie. Comme on le voit, les tricolores ont le privilége des palinodies les plus basses, en se dévouant à la puissance du jour, après laquelle ils se cramponnent. Robespierre, cet arrogant despote, ne craint plus de se rendre suppliant ; il court de banquette en banquette mendier un refuge et le secours de quelques voix, mais inutilement ; le décret d'accusation est prononcé contre lui. Son frère, les deux Couthon, Saint-Just et Lebas sont conduits à la prison du Luxembourg, où leurs partisans les délivrent et les conduisent en triomphe à la commune, qui se déclare en insurrection. Si dans ce moment Robespierre eût marché aux Tuileries, il pouvait encore accomplir ses projets ; mais ce tricolore n'a de courage que pour proscrire. Barras, à la tête de deux colonnes, investit l'Hôtel-de-Ville au nom de la Convention. La victoire est décisive, grâce à l'ivresse abrutie d'Henriot. Les bandes de Robespierre,

que personne ne commande, posent les armes à la première sommation; on est réduit à chercher dans la commune les conjurés. Couthon, caché sous une table, n'ose
se frapper d'un couteau dont il est armé. Coffinhal jette
l'ivrogne Henriot par la fenêtre; Robespierre jeune se
précipite d'une croisée; tous deux ont les membres af-
freusement disloqués, mais ils vivent. Saint-Just prie Lebas de lui donner la mort; « *Lâche, imite-moi!* » et ce dernier se brûle la cervelle. Robespierre, découvert tapi dans
une armoire, se défend avec un couteau; Médale, homme
du 14 juillet, lui fracasse la mâchoire d'un coup de pistolet.
Ces tyrans sont conduits dans les comités en attendant
l'échafaud.

1795. Tallien annonce à ses collègues les massacres de
Quiberon. Des flots de sang français et l'extermination de
nos derniers officiers de marine excitent, au sein de la
Convention, une joie féroce. Ces cruels tricolores y cé-
lèbrent ces succès par le chant de la *Marseillaise.*

28. *Dimanche. Ste. Anne.*   9. *Nonidi. Mûres.*

1794. Une serviette passée sous le menton soutient la
mâchoire de Robespierre. Le sang ruisselant de ses yeux,
de sa bouche et de ses narines, le rend affreux. A dix
heures, lui et vingt-un de ceux mis hors la loi, sont portés
ou conduits, pour la forme, au tribunal, où leur sentence
de mort est prononcée. On remarque parmi les condamnés, les deux Robespierre, Couthon, Saint-Just,
Dumas, Vivier, Henriot, son adjudant Valette, Fleuriot-
Lescot, maire de Paris; Payant, Gobeau, accusateur public, etc. Ce jugement, dicté d'avance, est prononcé comme
on l'a commandé. Ce qu'il y a d'inouï, c'est que ces juges
si dociles sont les créatures, amis ou complices des condamnés!!! A quatre heures, l'échafaud dressé place dite
de la Révolution, est entouré d'une foule immense qui

peut remarquer qu'il n'y a rien d'aussi vindicatif que les tricolores, qui ne font pas même grâce au cadavre de Lebas de l'infamie de l'échafaud. Robespierre est exécuté le dernier. Avant de lui ôter un reste de vie, le bourreau lui arrache violemment les linges qui entourent son visage et que le sang coagulé y tient attachés. Sa mâchoire fracassée suit l'appareil, et cette tête qui n'a plus figure humaine, offre au peuple le spectacle le plus horrible.

D'ignobles écrivains ont depuis osé faire un mérite à Robespierre de ne s'être pas, comme ses collègues, enrichi aux dépens de la république; il ne visait pas à une fortune de quelques centaines de mille francs, c'était le pouvoir absolu qu'il voulait; et pour y arriver, la rapacité l'eût perdu. Voilà ce qui explique sa prétendue probité. Comment croire en effet à la probité d'un homme qui n'a jamais employé que le mensonge, la calomnie et l'hypocrisie, pour envoyer à l'échafaud les plus honnêtes gens, qu'il représentait comme des conspirateurs; qui confisquait ou plutôt qui volait, au profit du pouvoir qu'il dirigeait, les biens de ses concitoyens? *Danton et lui ont affermi*, dites-vous, écrivains imposteurs, *la révolution dans ce système de terreur; et sans ce système exécrable, les canons de l'Europe eussent peut-être fait taire la France dans sa régénération* (1). En parlant de régénération, écrivains corrompus, vous voulez probablement dire que c'est à ce système de meurtres, de vols, de confiscations, qu'un très-grand nombre de vos amis doivent leur insolente fortune; car autrement vous mentez, tricolores, l'étranger n'a jamais fait taire la France *dans sa régénération*. Louis XVI a voulu régénérer la liberté française; ce sont les tricolores, pour l'en remercier, qui l'ont assassiné, pour éta-

(1) M. Thiers et autres histoires de la révolution.

blir un despotisme, une tyrannie, un système de torture
et d'inquisition, auxquels rien ne peut être comparé; et la
présence de l'étranger n'a pu empêcher Louis XVIII d'accomplir cette régénération, dont vous ne vous souciez
guère. Nous finirons cet article par cette citation que
l'expérience n'a que trop prouvée, qu'*assassiner*, voler,
mentir et calomnier, est l'art par excellence des tricolores.

29. *Lundi. S. Loup.*　　　**10.** *Décadi. Arrosoir.*

1794. Soixante-dix membres de la commune sont guillotinés, sans distinction de plus ou moins coupables.

30. *Mardi. S. Ignace.*　　　**11.** *Primidi. Panis.*

1792. Paris est infesté par un ramas de brigands et
d'assassins connus sous le nom de *braves Marseillais*. Ils attaquent une centaine de gardes nationaux qui dînent aux
Champs-Élysées, et en massacrent plusieurs.

— La section de Mauconseil déclare au corps législatif
qu'elle rétracte son serment de fidélité au roi et se con-
stitue en insurrection. Quel machiavélisme! fiez-vous
donc aux engagements des tricolores!

31. *Mercredi. S. Germ. l'Au.* **12.** *Duodi. Salicor.*

1797. Une religion nouvelle apparaît tout-à-coup sous
le nom de *Théophilantropie*. Cette espèce d'institution re-
ligieuse n'offre rien que de vague et ne présente ni culte,
ni morale : une gerbe de blé sur l'autel est la divinité
apparente que des goujats en tuniques blanches, quand
elles sont blanches, recommandent à l'admiration d'un
petit troupeau d'imbécilles.

1ᵉʳ AOUT. — 13 Thermidor.

D. Q. 2.   N. L. 9.   P. Q. 17.   P. L. 24.   D. Q. 31.

1ᵉʳ. *Jeudi. S. Pierre ès-liens.* 13. *Tridi. Abricot.*

1789. Le maire de Saint-Denis est massacré.

1792. Le corps législatif ajoute de l'artillerie à la garde d'honneur qu'il s'était donnée ; le corps municipal ordonne la confection de cent mille piques.

2. *Vendredi. S. Étienne, p.* 14. *Quartidi. Basilic.*

1792. Les tricolores appellent les étrangers sous leurs vils drapeaux, en leur promettant des gratifications et pensions. A cet appel, une tourbe de scélérats, rebut de l'Europe, viennent mettre au service de nos tyrans leurs bras déjà exercés aux crimes ; ils seront les plus acharnés à verser le sang français. Osez dire que cette faction n'a jamais appelé l'étranger à son secours ; et quels étrangers !!!

1795. Loi qui ordonne la célébration de l'anniversaire des crimes du 10 août dans toutes les communes de la république et aux armées.

1798. La flotte de l'amiral Brueys, forte de 17 vaisseaux et frégates, est attaquée par l'amiral Nelson ; le combat dure trente-six heures, 15,000 canons vomissent la mort, le carnage est affreux, l'amiral Brueys est coupé en deux, notre flotte est détruite, les débris restent au pouvoir des Anglais.

3. *Samedi. Inv. S. Etienne.* 15. *Quintidi. Brebis.*

1793. Lejeune propose de faire fermer toutes les salles de spectacles, de faire établir des forges sur toutes les places publiques, afin que le peuple voie forger les armes de la vengeance. Il se sert d'une petite guillotine pour couper les fruits, trancher les têtes des volailles destinées à sa table, et se plaît à faire remarquer à ses convives l'utilité générale de cette machine.

1794. La Convention, aussi lâche que sanguinaire, voyant que l'opinion publique se prononce contre son système de meurtres, et croyant se laver de tous ses forfaits, fait tomber la tête de Joseph-Lebon, qui avait fait guillotiner une partie des habitants de Cambrai, et décernait au bourreau la deuxième place d'honneur aux banquets *patriotiques*. Il y avait justice à immoler ce monstre ; mais ses complices, aussi vils que sanguinaires, ne devaient pas être ses juges.

4. *Dimanche. S. ste. Croix.* 16. *Sextidi. Guimauve.*

1789. Le clergé, la noblesse, les corporations abjurent avec entraînement leurs priviléges ; la suppression des dîmes, des maîtrises, des droits féodaux, est votée. L'égalité devant la loi, l'admissibilité de tous aux dignités et aux emplois publics ; la liberté individuelle, de conscience, de parler, d'écrire, d'imprimer ; le vote libre et la juste répartition de l'impôt ; l'obligation d'en rendre compte ; l'inviolabilité de la propriété, sont proclamés. Malheureusement les tricolores s'empareront du pouvoir, anéantiront ces libertés et créeront à leur profit des priviléges exécrables, et cela au nom de la souveraineté du peuple qu'ils oppriment.

— La Constituante défère à Louis XVI le titre de *restaurateur de la liberté française.*

1793. Massacres à Saint-Domingue. Les doctrines tricolores portent leurs fruits.

5. *Lundi. S. Yon.* 17. *Septidi. Lin.*

1792. Massacre à Toulon de neuf représentants, sous prétexte qu'ils sont royalistes.

1793. Chaumette et Hébert, à la tête des ignorants et farouches tricolores, détruisent les souvenirs de la religion et des arts. Il n'y a presque pas de tableaux qui ne soient royalistes ou catholiques ; souvent ces vandales mutilent, en les prenant pour des saints, les statues des héros grecs et romains *dont ils ont pris les noms.* Ils portent la flamme dans le Muséum, à la Bibliothèque, dans tous les dépôts des arts et des sciences, et réduisent presque au néant nos dix-neuf bibliothèques publiques. (V. 8 et 21 mars.)

1798. L'infortuné Saint-Elme, proscrit, est condamné à mort. Il demande à donner lui-même le signal aux soldats devenus bourreaux ; cette grâce lui est refusée.

6. *Mardi. Tr. de N. S.*   **18.** *Octidi. Amande.*

1793. Un monarque assassiné ne suffit pas à la rage des scélérats qui, depuis deux ans, couvrent la France de deuil et de meurtres. Les tombes de Saint-Denis sont violées. Cinquante-un monuments sont détruits du 6 au 8 août. Trois jours ont anéanti l'ouvrage de douze siècles et l'objet de leur vénération. Les cendres des grands hommes que la reconnaissance nationale a placées parmi celles des rois sont aussi profanées. Suger, Duguesclin, Mathieu de Vendôme, Louis de Sancerre, Turenne, sont arrachés à leurs tombes.

1794. Coffinal, qui a concouru aux massacres de tant d'honnêtes gens, est à son tour guillotiné par ses complices.

1798. M. de Rochecotte est fusillé. Lorsque les agents du despotisme voulurent l'arrêter, il leur opposa une courageuse résistance et fit mordre la poussière à deux dénonciateurs policiers.

7. *Mercredi. S. Albert.*   **19.** *Nonidi. Gentiane.*

1792. Pour encourager à attaquer les Tuileries et courompre les gens crédules, les tricolores font courir le bruit que la cour a dressé des listes de proscription qui n'ont jamais existé.

8. *Jeudi. S. Justin.*   **20.** *Décadi. Écluse.*

1793. Les tricolores entassent dans les prisons des milliers d'hommes de lettres et d'artistes, accusés d'avoir voulu soustraire à leur vandalisme des objets d'art. (V. 5 août.)

— L'astucieuse Convention voyant son existence menacée, a bâclé en quinze jours une constitution en cent cinquante-neuf articles, précédée d'une déclaration des *droits de l'homme et du citoyen*, qui établit le suffrage universel, etc. Elle décrète qu'elle ne sera mise en vigueur qu'à la paix générale. Ceux qui l'ont faite savent que cette constitution ne verra jamais le jour ; mais c'est un leurre jeté au peuple crédule, qui alors se lève en masse pour défendre ses bourreaux, ce qui leur procure un million de soldats. Que d'*habileté !*

9. *Vendredi. S. Romain.*   **21.** *Primidi. Carline.*

1792. Dans la nuit du 9 au 10, dix-huit cents gardes nationaux, neuf cents Suisses et trois cents gentilshommes se réunissent aux Tuileries pour repousser les Marseillais, les Brestois, leurs dignes compagnons, tirés des bagnes de Brest, et autres furies.

10. *Samedi. S. Laurent.*   **22.** *Duodi. Caprier.*

1792. Les tricolores assassinent Mandat, commandant de la garde nationale de Paris, déchirent la constitution de 1791, et la remplacent par le despotisme le plus cruel.

— Massacres aux Tuileries. Les militaires qui gardent les Tuileries, repoussent les tricolores qui veulent piller et égorger les gens du château. Louis XVI, pour éviter l'effusion du sang, et sur l'invitation à lui faite, se retire à l'assemblée nationale et consent à ordonner que ses gardes fidèles déposent les armes et sortent de Paris. Ces infortunés n'ont pas plutôt obéi, que les tricolores se jettent sur eux, les égorgent impitoyablement. Tous ceux qu'ils rencontrent, sans exception d'âge ni de sexe, sont massacrés. On voit des tricolores, dans leur fanatique fureur, boire le sang de leurs victimes. Ces infortunés sont mis en lambeaux, leurs entrailles sont arrachées, leurs têtes coupées et portées en triomphe. Le château est pillé.

> Plus de lois, plus de frein, les droits sont méconnus;
> Le crime règne seul, Bourbon ne règne plus.

Pour redoubler l'ardeur des égorgeurs, leurs chefs criaient : *Saignez, saignez toujours, la nation a soif!* Cette lâche assemblée voyant le roi sans défense, prononce sa déchéance et son emprisonnement au Temple.

11. *Dimanche. S. de ste. Co.* **23.** *Tridi. Lentille.*

1792. Les tricolores assassinent plusieurs personnes inoffensives ; de ce nombre est le colonel Guingerlo. Les magasins sont fermés, un silence morne règne dans les rues autrefois les plus fréquentées, les artisans n'osent sortir que déguisés sous les vêtements les plus grossiers.

— Douze soldats sont brûlés place du Carrousel, aux cris de joie d'une multitude féroce.

1794. Fête anniversaire du massacre des Tuileries. Comme on le voit, la mort de Robespierre laisse encore assez d'assassins pour opprimer la France.

12. *Lundi. Ste. Claire, v.* **24.** *Quartidi. Aunée.*

1793. La Convention décrète en principe que les gens *suspects* seront arrêtés.

— Le Cointre de Versailles, ville comblée chaque jour des bienfaits de la reine, le Cointre presse la Convention de faire juger *sous huitaine*, la *femme Capet* qu'il regarde, dit-il, comme plus coupable que tous les conspirateurs.

— Le flambeau des lettres et des sciences ne pouvait manquer de s'éteindre dans les flots de sang qui ruissellent de toutes parts ; mais pour hâter leur anéantissement, la Convention décrète la suppression de toutes les sociétés littéraires patentées ou dotées par la nation.

13. *Mardi. S. Hippolyte.*   **25.** *Quintidi. Loutre.*

1792. Les premiers actes des tricolores triomphants sont la destruction de la presse, liberté qu'ils avaient tant de fois présentée comme sacrée. L'opinion publique se trouve livrée aux feuilles sanglantes de Gorsas, Carra, Brissot, Condorcet, Louvet et Marat, qui indiqueront aux assassins les crimes à exécuter, et justifieront ensuite leurs forfaits à l'aide de la phraséologie verbeuse mise depuis en usage par les auteurs et partisans tricolores.

14. *Mercredi. S. Guerf. V. j.* **26.** *Sextidi. Myrte.*

1792. Le roi et sa famille sont conduits et emprisonnés au Temple. On épuise sur les royales victimes toutes les humiliations ; leur voiture est arrêtée place Vendôme, en face des débris de la statue de Louis XIV, qui vient d'être renversée. Des feux y sont allumés et dévorent les archives de l'ordre du Saint-Esprit ; et des furies agitent des torches, criant *vive la nation! le roi à la guillotine!* (V. 22 c.)

15. *Jeudi.* Assomption.   **27.** *Septidi. Colza.*

1798. Les représentants du peuple décrètent qu'ils seront logés aux frais de la république, et qu'il sera alloué à chacun d'eux, indépendamment de leur traitement, 300 francs par mois pour frais de *secrétaire et de costume.*

Pauvre peuple, tu paieras jusqu'aux écharpes et panaches tricolores de tes *vertueux et désintéressés* représentants!

16. *Vendredi. S. Roch.*   28. *Octidi. Lupin.*

1284. Réunion de la Brie et de la Champagne au royaume de France.

1798. L'augmentation de 330 fr. par mois, pour chaque représentant, porte à 12,000 fr. par an son traitement annuel, ce qui fait pour les sept cent cinquante conventionnels NEUF MILLIONS. Plus 10 fr. par poste pour aller et revenir chez lui. (V. 10 déc.)

17. *Samedi. S. Mamès.*   29. *Nonidi. Coton.*

1792. Destitution des administrateurs du département de la Somme, qui, dans une adresse au roi, lui ont donné des marques de respect et d'attendrissement.

18. *Dimanche. Ste. Hélène.*   30. *Décadi. Moulin.*

1791. Un décret accorde deux millions à partager entre les tricolores qui ont concouru à l'arrestation du roi. Drouet a pour sa part 30,000 fr.

19. *Lundi. S. Louis, év.*   1ᵉʳ *Fructidor. Prim. Prune.*

1792. Les dames de Lamballe et de Tourzel sont arrachées d'auprès de la reine, la première, pour ne reparaître à ses yeux que morte et mutilée. (V. 2 sept.)

— Lafayette, 3 généraux, 21 officiers et 16 domestiques quittent l'armée, abandonnant la généreuse municipalité de Sedan à la vengeance des tyrans. (V. 27.)

— La commune de Paris envoie dans les campagnes des environs un officier municipal à la tête d'un bataillon et d'un détachement de Marseillais, sous prétexte *d'aider les communes à se débarrasser des conspirateurs et des aris- tocrates qui s'y étaient réfugiés.* Les maisons, les parcs, les

bois sont fouillés six lieues à la ronde ; on arrête un grand
nombre de personnes dont on prend les papiers et les bi-
joux, et l'officier municipal vient se vanter de sa *bonne ré-
colte* à l'assemblée qui applaudit à cette violation de toutes
les lois.

20. *Mardi. S. Bernard.*   **2.** *Duodi. Millet.*

1792. Danton, homme perdu d'honneur, est nommé
ministre de la justice !

1793. Levée en masse de tous les citoyens de dix-huit
à vingt-cinq ans.

21. *Mercredi. S. Privat.*   **3.** *Tridi. Lycoperde.*

1792. Louis XVI à son avénement au trône avait aboli
la torture, qui n'atteignait que des scélérats, et si rarement, que des années entières se passaient sans qu'un
seul y fût soumis; il était réservé aux tricolores d'établir une inquisition qui va envoyer à l'échafaud et à tous
les supplices imaginables des milliers d'honnêtes citoyens.
Le premier comité inquisitorial est déjà établi sous le
nom de comité des recherches. M. Delaporte, intendant
de la liste civile, est la première victime de cette inquisition tricolore ; il est guillotiné sur la place du Carrousel,
avec M. Danglemont.

1798. Conscription qui force tous les Français de vingt
à vingt-cinq ans à partir pour l'armée.

— Bernadotte épouse la belle-sœur de Joseph Bonaparte, fille d'un négociant de Gênes.

22. *Jeudi. S. Symphorien.*   **4.** *Quartidi. Escourgeon.*

1740. Première exposition des ouvrages de peinture et
de sculpture dans le salon du Louvre, faite par ordre de
Louis XV.

1792. Les Français sont indignés des excès des tricolores, la fermentation est à son comble, une partie des départements va s'armer contre ces tyrans; mais pour terroriser et arrêter ce noble élan, ils se font adresser de toutes parts des félicitations et adhésions supposées. (V. 14 c.)

23. *Vendredi. S. Timothé.*   5. *Quintidi. Saumon.*

1754. Naissance de Louis XVI.

> Son cœur ne sut qu'aimer, pardonner et mourir ;
> Il aurait su régner, s'il avait su punir.

1799. Bonaparte quitte l'armée d'Égypte ; Kléber en prend le commandement.

24. *Samedi. S. Barthélemy.*   6. *Sextidi. Tubéreuse.*

1793. Lyon est cerné de toutes parts, le bombardement commence ; et pendant que Kelermann y jette 500 bombes et 1,000 boulets, Dubois-Crancé prend des arrêtés pour exterminer les habitants qui fuient cette malheureuse ville ; il confisque leurs biens et envoie à l'échafaud tous ceux qui tombent entre ses mains.

1798. Arrêté portant qu'il va être établi au Hâvre un *bagne* pour les déserteurs.

25. *Dimanche. S. Louis, roi.*   7. *Septidi. Sucrion.*

1792. Durosay, journaliste, et deux autres personnes, sont exécutées aux flambeaux. Sur l'échafaud, le premier s'écria : « Il est beau pour un royaliste de mourir le jour de la Saint-Louis. »

— Des visites domiciliaires ont eu lieu toute la nuit dans toute les maisons de Paris; sept mille personnes sont jetées dans les cachots qui sont trop petits, les scellés sont apposés partout où les particuliers ne se trouvent pas, des vols de toute nature sont commis par les visiteurs tricolores.

26. *Lundi. Fin des J. C.*   **8.** *Octidi. Apocyn.*

1789. La liberté indéfinie de la presse est décrétée, mais malheur aux écrivains qui useront de cette liberté en faveur des victimes opprimées. Cette liberté n'est en réalité qu'un monopole exploité par les voleurs et les égorgeurs.

27. *Mardi. S. Césaire.*   **9.** *Nonidi. Réglisse.*

1792. Anacharsis Clootz vint remercier l'assemblée nationale du titre de citoyen français et de philosophe dont elle l'avait gratifié. « Je prononce, dit-il, le serment d'être fidèle à la nation universelle, à l'égalité, à la liberté, à la souveraineté du genre humain ; gallophile de tous temps, mon cœur est français, mon âme est sans culotte. » Cet étranger en démence est devenu l'un de nos législateurs. (V. 19 juin.)

1793. Les Toulonnais sont réduits, pour se soustraire aux égorgeurs tricolores, à réclamer la protection des Anglais. (V. 5 août et 19 déc.)

1797. Napoléon obtient que le général Lafayette, détenu à Olmutz (Autriche) sera mis en liberté. Il lui défend de rentrer en France.

28. *Mercredi. S. Augustin.*   **10.** *Décadi. Échelle.*

1764. Naissance du poète Chénier. Avant le 9 thermidor 1794, il publia sa tragédie de Timoléon, dans laquelle il peignit par les vers suivants, l'horreur que lui inspiraient les forfaits des tricolores.

> La tyrannie altière et de meurtres avide,
> D'un masque révéré couvrant son front livide,
> Usurpant sans pudeur le nom de liberté.

Roule au sein de Corinthe un char ensanglanté.
Il est temps d'abjurer ces coupables maximes,
Il faut des lois, des mœurs, et non pas des victimes.

1793. Combat de Léger. Laroche-Jacquelin contre les tyrans tricolores.

29. *Jeudi. S. Médéric.*   11. *Primidi. Pastèque.*

1792. Danton dit au club des Cordeliers, où Jean de Bry avait proposé de former un corps de 1,200 volontaires, pour assassiner tous les rois. « *Si nous ne pouvons vaincre les rois, effrayons-les par nos crimes.* » Mailhe déclare que ces projets ne sont pas immoraux !

30. *Vendredi. S. Fiacre.*   12. *Duodi. Fenouil.*

1772. Naissance de H. Laroche-Jacquelin, général des Vendéens, soldats de la liberté.

1792. A Orléans, le vieux et brave Dulery meurt sur l'échafaud. Après cette exécution, les tricolores forcent les portes des prisons pour voler les détenus. Le duc de Brissac perd 40,000 fr. en assignats et son argenterie.

31. *Samedi. Déc. S. Jean.*   13. *Tridi. Epine-vinette.*

1790. Les tricolores de Nancy excitent à la révolte les trois régiments formant sa garnison. Les troupes et la ville se soumettent au général Bouillé, venu de Metz avec 4,000 hommes ; mais lorsque son avant-garde se présente pour entrer en ville, les tricolores, usant de la plus infâme lâcheté, vont la mitrailler ; Desilles, jeune officier, s'y oppose, il est assassiné ; aussitôt les canons partent, et soixante hommes du général Bouillé tombent sur le carreau. A cette attaque inattendue, ils crient à la trahison, culbutent les tricolores, entrent dans la ville au milieu d'une grêle de balles. Après trois heures de combat, les tricolores sont vaincus; 1,500 hommes périssent dans cette journée.

1792. Trois jours avant le 3 septembre, époque de sanglante mémoire, Tallien, dans un discours à la Commune, fait entendre cette phrase dont le sens ne tardera pas à être compris : « Nous avons fait arrêter les prêtres perturbateurs ; ils sont enfermés dans une maison particulière, et sous peu de jours le sol de la liberté sera purgé de leur présence. »

1ᵉʳ SEPTEMBRE. — 14 Fructidor.

N. L. 7.   P. Q. 16.   P. L. 23.   D. Q. 29.

1ᵉʳ. *Dimanc. S. Leu, S. G.* 14. *Quartidi. Noix.*

1715. Mort de Louis XIV, surnommé le Grand. En 1670, il avait, par une ordonnance, rendu le juge qui n'interrogeait pas l'inculpé dans les vingt-quatre heures, passible de dommages-intérêts.

1792. Les tricolores Danton, ministre de la justice; Marat, Panis, Sergent, Manuel, etc. , ont résolu le massacre des prisons. Danton dit à ses sicaires : « Mes amis, en révolution, l'autorité appartient aux plus scélérats : nous la tenons, c'est pour en user VIGOUREUSEMENT! Ma maxime favorite est qu'il ne faut pas verser le sang goutte à goutte, mais par torrents. Travaillez en gens de cœur, et que ces *saignées révolutionnaires* ne vous effraient pas!»

2. *Lundi. S. Lazare.*   15. *Quintidi. Truite.*

1792. L'infortunée princesse de Lamballe est assassinée par les tricolores, qui lui coupent la tête, lui arrachent le cœur qu'ils portent en triomphe au bout des piques; ils chargent un canon avec une de ses jambes, les restes de son cadavre sont traînés dans les rues et présentés aux fenêtres de la reine. Ils massacrent, sans distinction d'âge ni de sexe, tous les malheureux prisonniers de Paris, au nombre de dix mille. La terreur est telle, que cinq cents tricolores suffisent pour commettre tous ces crimes.

1798. Le peuple de Malte veut recouvrer son indépendance, il se soulève; mais après un combat où le sang a coulé, il est de nouveau soumis.

3. *Mardi. S. Grégoire, g.*   16. *Sextidi. Citron.*

1792. Massacres des septembriseurs. Soixante-quinze prêtres et un vieillard, chevalier de Saint-Louis, sont égorgés dans la maison de Saint-Firmin, rue Saint-Victor; 288 prisonniers et une femme sont immolés dans la Conciergerie; 36 voleurs et assassins sont délivrés à condition de se joindre aux égorgeurs; 216 personnes sont massacrées dans la prison du grand Châtelet. Les massacres durent encore deux jours, et Billaud Varenne qui les dirige à l'Abbaye, crie aux bourreaux : « Peuple, tu immoles tes ennemis, tu fais ton devoir. » Dans la seule prison de Bicêtre, les tricolores assassinent plus de cinq mille prisonniers, avec des circonstances atroces.

— La femme Baptiste, de 32 ans, bouquetière, est attachée nue à un poteau, ses jambes sont écartées et ses deux seins coupés. Les tricolores lui introduisent une torche ardente, puis un sabre, par les parties secrètes, lui ouvrent le ventre, sans être touchés de ses cris affreux. Elle expire dans des tourments dont Caligula eût eu horreur.

— M. Bachmann, major des Suisses, est guillotiné.

4. *Mercredi. Ste. Rosalie.*   17. *Septidi. Cardière.*

1792. Les tricolores empalent M. de Montmorin, ancien ministre, et, dans cette horrible posture, veulent le présenter à la barre de l'assemblé législative pour lui en faire hommage.

— A Reims, les tricolores, insatiables de meurtres, brûlent vif le vénérable curé Alexandre et mangent sa chair rôtie !

— A Meaux, quatorze prisonniers sont égorgés.

1797. Coup d'état. Le Directoire, composé de Barras, Rewbel, Lareveillère et deux autres, cinq *rois* d'une vénalité scandaleuse, sont complètement discrédités par l'opinion qui les méprise. Tout ce que les Cinq cents, les Anciens, les journalistes comptent d'hommes estimables, sont royalistes; encore quelques jours, et l'opinion publique leur appartiendra. Ce vil gouvernement, pour conserver le pouvoir qui lui échappe, fait investir par Augereau, à la tête de huit mille hommes, les deux conseils; alors on décrète la déportation de quarante-quatre membres des Cinq cents, douze des Anciens, et de plusieurs journalistes trop purs pour se vendre.

5. *Jeudi. S. Bertin.*   18. *Octidi Nerprun.*

1793. La Convention décrète l'organisation d'une armée révolutionnaire. Cette armée parcourt la France, traînant à sa suite le rasoir national ombragé de leurs *nobles couleurs,* pour immoler les modérés, les femmes, les enfants des proscrits et les vieillards. Le dénonciateur a un quart des biens de ceux qu'il désigne à la hache des assassins à qui nous devons l'immorale invention de l'organisation des bandes de provocateurs mouchards, dénonciateurs, etc. Quel progrès!

— Les tricolores mettent en usage tous les moyens de corrompre le peuple et l'instruire à leurs ignobles écoles; les pauvres qui assistent aux deux réunions qui ont lieu chaque semaine dans les sections, reçoivent 2 francs par séance.

6. *Vendredi. S. Onésipe.*   19. *Nonidi. Tagette.*

1764. Louis **XV** pose la première pierre de l'église Sainte-Geneviève (Panthéon).

1790. A Angers, cinquante-une personnes sont massacrées.

1793. Combat de Chalone. D'Elbée contre les tricolores.

— Neuf habitants de Rouen sont exécutés.

— Décret qui promet des pensions aux soldats étrangers qui se réuniront sous les étendarts tricolores.

7. *Samedi. S. Cloud.* **20.** *Décadi. Hotte.*

1790. L'antique magistrature est détruite en France ; un décret ordonne que tous les parlements du royaume cesseront leurs fonctions le 30 de ce mois.

1792. Les mandats donnés en paiement des domaines nationaux, et qui devaient être annulés en entrant à la trésorerie, sont remis de nouveau en circulation pour la somme de 25 millions.

1793. Décret qui ordonne l'arrestation de tous les banquiers. Les tricolores battent monnaie sur l'échafaud, en s'emparant des biens de leurs victimes.

8. *Dimanche. Nat. de N. D.* **21.** *Primidi. Églantier.*

1793. Combat d'Airvault. Stofflet contre les tricolores.

9. *Lundi. S. Omer, év.* **22.** *Duodi. Noisette.*

1792. A Versailles, les sans-culottes égorgent sur la place quarante-neuf prisonniers arrivant d'Orléans ; six sont sauvés par de généreux citoyens. Encouragés par ce lâche succès, les tricolores se portent aux prisons et massacrent tous les détenus, après leur avoir fait éprouver les tortures les plus cruelles. Les cadavres sont horriblement mutilés ; les têtes coupées sont fixées aux pointes des grilles du château. La tête du duc de Brissac est portée sous les fenêtres de son amie, madame Dubarry !

1798. La Suisse succombe sous la tyrannie tricolore. Les villages de Binkenrie et de Gummeter sont réduits en cendres.

10. *Mardi. S. Nicolas.* **23.** *Tridi. Houblon.*

1792. A la prison de Pierre-en-Sise, à Lyon, sept officiers sont égorgés, un huitième a le cou scié. Les tricolores sont repoussés des autres prisons. Ces égorgeurs sont en grande partie des étrangers appelés en France par nos oppresseurs qui les guident.

11. *Mercredi. S. Patient.*   **24.** *Quartidi. Sorgho.*

1792. Les massacreurs des 2, 3 et 4 septembre reçoivent une gratification de 24 francs, que leur paie la commune de Paris. Maillard, leur chef, reçoit 265 francs.

12. *Jeudi. S. Serdot.*   **25.** *Quintidi. Écrevisse.*

1789. A Orléans, quarante personnes sont massacrées.
1792. A Caen, M. Bayeux, procureur général, est massacré en face la maison commune, par une centaine de tricolores.

13. *Vendredi. S. Maurille.*   **26.** *Sextidi. Bigarade.*

1799. Théroigne, chef des héroïnes des massacres d'août, septembre, octobre, etc., agent actif de nos tyrans, est reléguée à la Salpétrière; son existence est affreuse : elle mange et boit ses excréments, et termine ses jours d'une manière horrible.

14. *Samedi. E. de Ste. C.*   **27.** *Septidi. Verge d'or.*

1789. Les massacres continuent à Orléans; cinquante-neuf nouvelles victimes sont immolées.

15. *Dimanche. S. Nicomède.* **28.** *Octidi. Maïs.*

1792. D'Orléans veut prouver aux égorgeurs sa sympathie et se les attacher; il change son nom contre celui d'*Égalité*.

16. *Lundi. S. Cyprien.*   **29.** *Nonidi. Marron.*

1792. A Orléans, plusieurs maisons sont pillées; un bûcher est dressé place du Martroy, trois malheureux sont jetés dans les flammes, ils poussent des cris affreux et ils tentent de s'en échapper ; mais on les y replonge impitoyablement.

1797. Mort du général Hoche, mort attribuée au poison de rivaux jaloux.

17. *Mardi. S. Lambert.*   **30.** *Décadi. Panier.*

1792. Devenu maire d'Orléans, à force d'atrocités révolutionnaires, Lombards–Lachaux averti que des tricolores avaient pillé huit maisons, en brûlant les meubles, et avaient jeté cinq personnes dans les flammes, s'oppose à ce que la municipalité arrête ce désordre. On l'entendit répéter : « que le peuple avait de justes vengeances à exercer, et que lorsqu'il serait satisfait, le désordre cesserait de lui-même. »

1793. La Convention, encouragée par les victoires de nos armées, rend une loi plus qu'inquisitoriale, dont voici un passage : « Tous les suspects seront immédiatement arrêtés. Sont *suspects* ceux qui ne peuvent justifier de l'acquit de leurs devoirs civiques, ceux à qui il a été refusé des *certificats de civisme.* » C'est-à-dire que quiconque n'aura pas commis de crimes perdra la liberté et la vie. (V. 27 août.)

18. *Mercredi. IV Temps.*   *Jours complément.* **1er.** *Prim.*
Fête de la Vertu.

1793. Dix mille Vendéens mettent en déroute complète quarante mille hommes commandés par les tricolores Ronsin et Rossignol. Plusieurs de leurs soldats sont sabrés par les représentants qui les guident.

19. *Jeudi. S. Janvier.*   *J. C.* **2.** *Duodi. Fête du Génie.*

1791. Décret qui crée un tribunal MARTIAL, chargé de condamner les déserteurs aux fers.

1799. Bataille de Torfou. Bonchamp contre les tricolores.

20. *Vendredi. S. Eustache. J. C. 3. Tri. Fête du Travail.*

1793. Un décret interdit aux galériens de porter le bonnet rouge. Cette décoration appartient, comme privilége exclusif, aux frères et amis jacobins.

1794. Éloge de Marat à la Convention, des autels sont élevés à ce monstre ; Montmartre est transformé en Mont-Marat ; on lui élève une pyramide sur la place du Carrousel. « Marat, s'écrie Hébert, n'a-t-il pas plus de droit dans le ciel que tous les saints que nous en avons bannis pour jamais ? » La Convention ne reconnaît plus d'autre culte que celui de Marat.

21. *Samedi. S. Mathi., év. Jour Complém. 4. Quartidi. Fête de l'Opinion.*

1792. La Convention remplace l'Assemblée constituante qui, abusée et entraînée par les méchants, avait été perfide ; mais la Convention a toujours réuni la lâcheté à la perfidie, en ne s'attachant qu'à troubler, confondre et détruire toutes les relations sociales, et à couvrir la France de cyprès.

1793. Les femmes sont obligées de porter la cocarde tricolore, sous peine de huit jours de prison pour la première fois, et pour la deuxième, d'être arrêtées comme suspectes, et par conséquent guillotinées. Voilà la liberté des tricolores !

1797. La loterie est rétablie en France.

22. *Dimanche. S. Maurice. Jour complém. 5. Quintidi. Fête des Récompenses.*

1792. La royauté est abolie, la république lui succède ; les titres de monsieur et de madame sont proscrits et font place à ceux de citoyen et de citoyenne.

1794. Translation des restes de Marat au Panthéon;
on en retire ceux de Mirabeau : toujours honneur et gloire
aux sanguinaires !!!

23. *Lundi. Ste Thècle.*   1er *Vendém. Prim. Raison.*

1792. La Convention ayant déféré le titre de citoyens
français aux grands philosophes d'Angleterre, d'Allemagne,
de Hollande, etc., au lieu des pompeux remercîments
qu'elle attendait, ne reçoit que la réponse de M. Klops-
tock, qui lui renvoie son titre en la traitant de « vil amas
d'assassins, qui, par l'excès de leur *barbarie* et de leurs
forfaits, ont placé une barrière éternelle entre eux et
l'heureuse Germanie. » Comme on le voit, les tricolores
auraient déshonoré le nom français, si ce beau nom eût
pu l'être.

24. *Mardi. S. Andoche.*   2. *Duodi. Safran.*

1793. La belle-mère de Pétion est exécutée.

25. *Mercredi. S. Firmin.*   3. *Tridi. Châtaignes.*

1792. Les tricolores règnent. Le 10 août, le fils du respectable Cazotte avait été égorgé, et lui jeté dans les cachots; le 2 septembre, à l'aspect de ses cheveux blancs,
aux supplications de sa fille, ange de vertu et de beauté,
le peuple demande grâce : les égorgeurs s'apitoient un instant et le rendent à la liberté; mais leurs chefs, qui
ne savent pas s'apitoyer, l'arrêtent de nouveau et le font
monter sur l'échafaud; sa tête tombe à sept heures du
soir!

— Les tricolores exercent à Lyon de nouveaux massacres sur les prisonniers. La république est déclarée une
et indivisible! Marat, le démagogue Marat, avoue qu'il a
fait un plan de dictature.

26. *Jeudi. Ste Justine.*   4. *Quartidi. Colchique.*

1793. Combat de Saint-Fulgent. Les tricolores contre les Vendéens.

27. *Vendredi. S. Côme S. D.*   5. *Quintidi. Cheval.*

1793. Voici les résultats de la loi des suspects : dix mille prisons sont établies pour y jeter, en attendant l'échafaud, les personnes *suspectées* d'avoir des sentiments honorables. Chaque village a un comité révolutionnaire. Tout ce que la France renferme de tricolores est appelé à en faire partie. *Deux cent mille* brigands sont institués les arbitres suprêmes de la vie de trente millions de Français. On voit sortir à grands flots toutes les bassesses de ces tricolores, qui, au nom de la liberté, nous imposent la plus vile dictature. Plusieurs de ces misérables, devenus *délateurs*, *juges* et bourreaux, s'enrichiront des dépouilles de leurs victimes ; et plus tard, devenus électeurs ou éligibles, ils enverront ou iront siéger aux assemblées législatives, et continueront, au nom de la liberté que leurs adversaires nous auront rendue, d'être des brandons de discorde. (V. 17 août.)

28. *Samedi. S. Céran.*   6. *Sextidi. Balsamine.*

1793. Un décret de l'assemblée constituante, du mois de septembre 1790, avait statué que jamais il ne serait mis en circulation plus de douze cents millions d'assignats : un décret de la Convention en ordonne la fabrication pour *deux milliards*, sans compter le reste !

29. *Dimanche. S. Michel. a.*   7. *Septidi. Carottes.*

1789. La responsabilité des ministres est décrétée.

1790. L'assemblée nationale décrète la fabrication de
800,000,000 d'assignats.

30. *Lundi. S. Jérôme.*　　　　8. *Octidi. Amaranthe.*

1681. Prise de Strasbourg par les Français.
1791. Dernière séance de l'Assemblée constituante.

1ᵉʳ OCTOBRE. — 9 Vendémiaire.

N. L. 7.   P. Q 15.   P. L. 22.   D. Q. 5.

1ᵉʳ. *Mardi. S. Rémi, év.*   9. *Nonidi. Panais.*

1791. Epoque sinistre ! La seconde Assemblée nationale se réunit pour la première fois ; elle fait l'appel des
députés inscrits, et dont le club des Jacobins a presque
partout déterminé le choix. Ils portent un costume ignoble et leurs manières sont d'accord avec leurs habits, ce qui
fit dire à un spectateur, un jour que le président se plai-
gnait de ce que les députés arrivaient tard : « C'est qu'ils
raccommodent leurs culottes. »

2. *Mercredi. Anges-Gard.*   10. *Décadi. Cuve.*

1796. Décret qui applique la peine de *mort* à tout inférieur pour geste offensif.

3. *Jeudi. S. Denis, ar.*   11. *Primidi. Pomme de terre.*

1793. La Convention met en arrestation les soixante-
six députés, signataires de la protestation contre les
journées du 31 mai et suivantes.

4. *Vendredi. S. François.*   12. *Duodi. Immortelles.*

1795. La Convention ayant perdu la confiance du peuple, appelle à son secours et organise, sous le nom de bataillon patriote de 89, les sanguinaires jacobins. Les Parisiens
se croient de nouveau perdus s'ils ne forcent les tyrans de la
France à licencier ces tricolores. De toutes parts la garde
nationale marche contre la Convention, qui s'est fait entourer de troupes et d'artillerie aux ordres de Barras et de
Bonaparte. A quatre heures, les troupes tirent à mitraille

sur le peuple qui ne peut répondre qu'avec de la mousqueterie ; en un instant les marches de St-Roch sont couvertes de cadavres. A sept heures la Convention triomphe, Paris est consterné. L'échafaud se dresse et fait tomber la tête de Lafond, garde national ; un autre, pour s'y soustraire, se donne la mort.

5. *Samedi. Ste Aure.*   13. *Tridi. Potiron.*

1789. Les gardes-du-corps, qui veillent aux portes des appartements de la reine, sont massacrés. Les tricolores, maîtres du passage, se précipitent dans sa chambre à coucher et percent de leurs poignards teints du sang de ses gardes le lit qu'elle vient de quitter. Ces brigands, excités par le vin d'Orléans, veulent la tête de la reine ; mais la garde nationale prend une attitude imposante. Le roi paraît au balcon ; alors le massacre cesse : ceux des gardes échappés à cette boucherie sont amenés aux fenêtres où on leur distribue des cocardes tricolores, symbole du crime. Dans cet instant, les têtes des gardes qui ont été égorgés sont portées vers les fenêtres du roi, qui détourne ses regards.

1795. Loi inquisitoriale qui exclut les suspects des fonctions publiques.

6. *Dimanche. S. Bruno.*   14. *Quartidi. Réséda.*

1789. Des brigands partis en avant-garde de Versailles, deux heures avant le cortège, portent en triomphe au bout de deux piques les têtes de deux gardes-du-corps. Ces tricolores s'arrêtent un moment à Sèvres, et là, forcent un perruquier à friser ces deux têtes ensanglantées.

7. *Lundi. S. Serge.*   15. *Quintidi. Ane.*

1793. Combat de Bressuire. Lescure contre les tricolores.

— Un arrêté de la commune ordonne que le calendrier du citoyen Maréchal sera observé. Cette extravagance démagogique change les noms des jours en ceux de la **carotte**, de la ciboule , du navet. Les jours décadaires sont ceux de l'âne et du cochon.

8. *Mardi. S. Demètre.*   16. *Sextidi. Belle-de-Nuit.*

1792. Massacres à Cambray.

1793. Le proconsul Carrier et ses satellites arrivent à Nantes.

1795. Dans une discussion sur les événements du 4 octobre, Lanjuinais avait , dans un cercle particulier, qualifié ces événements de *massacres.* Le lendemain Tallien reprend sa place à la montagne , et là, dénonce à la terrible Convention , Lanjuinais , Boissy-d'Anglas , Lesage , Henri Larivière , Rovère et Saladin , comme *suspects de royalisme :* ce qui fait comprendre combien les royalistes sont estimables, puisqu'il suffit , pour être regardé comme tel , d'être honnête et humain (1). Plusieurs motions violentes suivent cette dénonciation et amènent l'arrestation de plusieurs députés.

9. *Mercredi. Denis , év.*   17. *Septidi. Citrouille.*

1792. Des tricolores de l'armée de Dumourier égorgent leurs prisonniers.

— Les titres de monsieur et de madame sont remplacés par ceux de citoyen et de citoyenne ; il est défendu de prendre d'autres dénominations.

1793. Les tricolores massacrent sans pitié les débris des vaillants défenseurs de Lyon , parvenus à sortir de cette ville. Sur deux colonnes, cinquante-cinq hommes ont seuls échappé à la mort.

(1) Malesherbes périt sur l'échafaud avec des milliers d'autres Français, parce qu'ils étaient connus pour être vertueux et humains.

— Les Vendéens prennent Noirmoutier.

1799. Bonaparte revenant d'Égypte, débarque à Fréjus.

10. *Jeudi. S. Gerćon.*   **18.** *Octidi. Sarrasin.*

1793. Lyon est pris par les troupes de la Convention commandées par Kelermann, après un siége de soixante-dix jours. La courageuse résistance de cette ville et celle de la Vendée, où toutes les forces de l'honneur et du désespoir luttent contre les fureurs de la tyrannie, sont des épisodes qui signalent à jamais la honteuse inertie des autres grandes villes.

11. *Vendredi. S. Nicaise.*   **19.** *Nonidi. Tournesol.*

1793. Le tricolore Chabot demande le supplice de la reine, et dit : *Quant au petit Capet, c'est à l'apothicaire à nous en défaire*; cette barbarie est applaudie par d'infâmes conventionnels.

12. *Samedi. S. Vilfride.*   **20.** *Décadi. Pressoir.*

1793. Décret portant que Lyon sera détruit, et son nom effacé du tableau des villes de la république.

— Proclamation de Barras et Fréron, à Marseille, qui déclare que la terreur est à l'ordre du jour et que toutes les boutiques seront transformées en forges nationales. — La Convention reçoit une lettre du général Doppet, annonçant qu'il est maître de Lyon, que la troupe de Béry s'est échappée, mais qu'il reste assez de rebelles pour satisfaire la vengeance nationale.

13. *Dimanche. S. Géraud.*   **21.** *Primidi. Chanvre.*

1793. A Lyon, les bourreaux déclarent à Collot-d'Herbois qu'ils sont épuisés de fatigue et ne peuvent suffire pour massacrer. « Faites comme moi, leur répond ce tricolore, que la haine des tyrans ranime vos forces ! » Quel langage stupide !

14. *Lundi. S. Caliste.*   22. *Duodi. Pêche.*

1793. Formation à Nantes de la compagnie révolutionnaire dite Marat : à chaque nomination d'un membre de cette compagnie, Francastel, qui la préside, s'écrie : « N'y en a-t-il pas un plus scélérat ? il nous faut des hommes de cette espèce pour mettre les royalistes à la raison. » Tel est le mode par lequel chacun de ces misérables passe au scrutin épuratoire ; pour stimuler ces militaires au crime, on leur accorde dix francs par jour. (V. 23 c.)

15. *Mardi. Ste Thérèse.*   23. *Tridi. Navet.*

1793. Dans la nuit du 14 au 15 octobre qui précède la cruelle séance où la reine devait paraître devant ses assassins pour la dernière fois, Marie-Antoinette reçoit les derniers secours de la religion dans sa prison. Les deux gendarmes de service , touchés de son angélique résignation, s'approchent de la sainte table à cette même messe qui était célébrée pour la reine de France.

16. *Mercredi. S. Gal , ab.*   24. *Quartidi. Amaryllis.*

1762. Trait héroïque du chevalier d'Assas. A moi, d'Auvergne ! voilà les ennemis.

1791. Quarante-huit hommes, treize femmes, dont trois enceintes, sont assommés et poignardés au château de la Glacière, à Avignon.

1793. La reine Marie-Antoinette monte sur l'échafaud. L'entrée dans Valenciennes de son frère, l'empereur d'Autriche, fut son arrêt de mort. C'est ainsi que les lâches tricolores, ne pouvant réduire leur adversaire, font retomber leur vengeance sur l'objet qui peut lui être cher, et qui leur est livré sans défense ! Ils ne lui épargnent pas les outrages ; sa mort n'a pu les désarmer ; on dirait qu'ils ont cru se justifier en s'efforçant de flétrir sa mémoire : calomnie impuissante! L'histoire a recueilli le souvenir d'une vertu qui ne se démentit jamais. Tronçon-Ducoudray et Chauvau-Lagarde, ses défenseurs, sont, sitôt l'arrêt rendu, plongés dans les prisons : voilà la justice de ces hommes qu'on ne peut trop flétrir.

— Les tricolores égorgent impitoyablement tous les Vendéens qu'ils prennent, pillent et incendient les villages ; les Vendéens, indignés de tant de cruautés, vont agir de représailles sur cinq mille prisonniers renfermés dans l'église de Saint-Florent. Les canons avancent pour mitrailler les soutiens de la tyrannie. Bonchamp, blessé mortellement et qui n'a plus qu'un souffle de vie, demande leur grâce à ses soldats ; les Vendéens attendris s'écrient : « *Grâce! grâce! sauvons les prisonniers! Bonchamp le veut.* » Si les tricolores eussent atteint ce généreux Vendéen, ils eussent fait fusiller celui qui venait de sauver leurs camarades !! De quel côté sont les brigands, et de quel côté sont les vrais Français?

1797. Tous les nobles, leurs femmes et enfants, les anciens militaires, magistrats et décorés des ordres du Saint-Esprit, de Saint-Louis, sont exilés de France, et leurs *biens confisqués*. Le tricolore Boulay s'écrie : « Nous sommes leurs maîtres, nous pourrions les exterminer ; mais nous nous contentons de les bannir. » Que de magnanimité! il eût pu ajouter : et de voler leurs propriétés.

17. *Jeudi. S. Cerbon.*   **25.** *Quintidi. Bœuf.*

1793. Mort de Bonchamp, général estimé des héros Vendéens.

1797. Pendant de la Pologne dû à l'infamie des tricolores : L'illustre république vénitienne aux quatre mille vaisseaux, paie les frais de la guerre d'Italie, envahie, au mépris du droit des nations, par l'armée conventionnelle. Elle est démembrée. L'Autriche a pour sa part les îles vénitiennes de l'Adriatique, les bouches du Cattaro, la *ville de Venise* et les pays conquis entre les états héréditaires et la ligne fine. La France prend les îles vénitiennes du Levant, et le fameux traité de paix de Campo-Formio est conclu. (V. 23 juin.)

18. *Vendredi. S. Luc, év.*   26. *Sextidi. Aubergine.*

1789. Le Châtelet envoie une commission pour recueillir la déposition de la reine sur les crimes des 5 et 6 octobre. Elle répond : « *J'ai tout vu, j'ai tout su, j'ai tout oublié.* » Paroles sublimes qui contrastent avec le caractère cruel et vindicatif des tricolores.

19. *Samedi. S. Savinien.*   27. *Septidi.* **P***iment.*

1789. François, boulanger, est pendu, sa tête est portée chez sa femme enceinte de plusieurs mois. Les tricolores veulent la forcer de baiser ce trophée sanglant de leurs exploits !

20. *Dimanche. S. Sendou.*   28. *Octidi. Tomate.*

1790. Décret portant que le pavillon tricolore remplacera le pavillon blanc.

— Quinze brigands, égorgeurs des plus actifs, dans un club au mois de janvier 1789, exposent la nécessité de se créer un signe de ralliement. A la réunion du lendemain, un des clubistes, créature d'Orléans, propose pour signe la réunion du rouge, du blanc et du bleu ; un compère prend la parole et dit : « En adoptant ce signe de ralliement, nous flatterons l'orgueil d'un haut personnage et nous obtiendrons sa protection ; car ces couleurs sont celles de *sa livrée.* » A dater d'aujourd'hui, nos armées auront pour drapeaux les couleurs composant la livrée de la valetaille du plus vil des hommes. Voilà l'origine de ce drapeau enfanté par le crime, et pour servir de guide à ce que

la France et l'Europe ont d'êtres les plus tarés. Oh,
Vendéens ! on ne peut trop admirer en vous ce sentiment
honorable qui vous fit combattre pendant dix ans ces viles
couleurs.

1796. Virton, Pochon, Sandox et Firiole sont fusillés.

21. *Lundi. Ste Ursule.*   29. *Nonidi. Orge.*

1793. A Lyon, le rasoir national devient insuffisant. Les
tricolores varient leurs cannibales plaisirs : ils réunissent
aux Brottaux les victimes par centaines, et tirent dessus à
mitraille ; on tire à coups de fusil sur ceux restés debout.
Les infortunés qui ne sont que blessés attendent dans les
tourments de l'agonie qu'on vienne les achever à coups
de sabres et de bayonnettes.

1798. Révolte du Caire réprimée par Bonaparte.

22. *Mardi. S. Mellon.*   30. *Décadi. Tonneau.*

1781. Naissance du Dauphin, fils de Louis XVI.

1785. Corse. L'étang de Biguglia répand un air pesti-
lentiel qui cause les plus terribles ravages parmi la population. Louis XVI fait creuser un canal de deux mille cent
toises pour dessécher les terres marécageuses ; deux autres
canaux vont être construits; mais les tricolores, maîtres du
pouvoir, abandonnent les travaux et vendent l'étang au sieur
Viale, qui laisse combler ces canaux, et la population se
trouve de nouveau périodiquement décimée par la peste.

1793. Bataille gagnée par les Vendéens sur l'armée du
despotisme.

— « Il me faut huit cents coupables, » s'écrie André
Dumon, en arrivant à Beauvais : « Je ferai pendre les plus
forts contribuables, si vous ne dénoncez les contre-révolutionnaires ! » Une église est transformée en prison ; il commande des visites domiciliaires de la cave au grenier, des

patrouilles ont l'ordre d'arrêter ceux qu'on trouve dans les rues.

23. *Mercredi. S. Hilarion.*   1er *Brum. Primidi. Pomme.*

1793. Nantes. Bachelier, président de comité, notaire prévaricateur, frappe de préférence ses confrères : leur mort augmente sa clientelle et les produits de son étude. Dans tous les comités il se trouve des scélérats de toutes les professions qui s'acharnent à frapper leurs concurrents, surtout les capacités qui leur sont supérieures.

24. *Jeudi. S. Magloire.*   **2.** *Duodi. Céleri.*

1793. A Lyon, tout ce qui n'est pas dans les fers est forcé d'assister aux exécutions. Une troupe est payée pour élancer vers le ciel les cris de *vive la liberté!* quand les victimes sont frappées. Ceux qui restent muets sont condamnés, les uns à mort, les autres liés à l'échafaud pour recevoir le sang... (V. 2 Nov.)

— Décret qui supprime les avoués.

25. *Vendredi. S. Cré. S. C.*   **3.** *Tridi. Poivre.*

1793. Nantes. Chaux, banqueroutier, fait périr tous ses créanciers. Ce sont ces scélérats que les braves Vendéens indignés veulent renverser du pouvoir, *et on ose les appeler brigands!*

26. *Samedi. S. Rustique.*   **4.** *Quartidi. Betterave.*

1793. Isoré écrit froidement à la Convention : « Nous avons tué hier un troupeau d'émigrés sous le moulin de Wervick ; un seul a été envoyé à Lille pour entretenir la guillotine... Triomphe et joie aux sans-culottes ! »

1795. La Convention est dissoute et fait place au corps législatif. Avant de cesser leurs fonctions, ces assassins ont décrété que les deux tiers de leurs membres continueraient de faire partie du nouveau gouvernement, qu'un seul tiers serait élu. Cette mesure a pour but de comprimer l'opinion publique, qui eût pu envoyer une majorité qui aurait mis fin à nos malheurs en rappelant au trône les Bourbons. (V. 27.)

27. Dimanche. S. Frumence.   5. Quintidi. Oie.

1793. Batailles d'Entrames contre les Vendéens, soldats de la liberté.

1795. Le corps législatif se divise en deux chambres, 1° le conseil des Anciens, formé de deux cent cinquante députés ayant au moins quarante ans, dont cent soixante-sept conventionnels et quatre-vingt-trois nouveaux élus , 2° le conseil des Cinq-Cents , dont trois cent trente-quatre conventionnels et cent soixante-six nouveaux élus. (V. 1er novembre.)

28. Lundi. S. Simon. S. J.   6. Sextidi. Héliotrope.

1793. Paris a vomi de son sein ce qui s'y trouvait de plus infâme en tricolores , pour l'envoyer contre la Vendée ; ces lâches brigands ont la cruauté de porter en cocardes les oreilles des victimes qu'ils égorgent.

— Pinard, à la tête d'un détachement composé en partie de mulâtres , parcourt les campagnes ; il a déclaré la guerre aux femmes et aux enfants ; une mère qu'il veut tuer lui crie : « Que vont devenir mes enfants? » — Console-toi, tes enfants seront expédiés avant toi ; je viens d'en tuer douze, et les trois tiens feront quinze.

29 Mardi. S. Faron.   7. Septidi. Figue.

1792. Les membres de la Convention se dénoncent eux-mêmes à l'indignation publique. Chaque jour amène entre eux une scène de désordre , de scandale et de fureur. Marat accuse le ministre de l'intérieur, Roland; le ministre accuse la commune ; elle prétend, dit-il, que la journée du 2 septembre n'a pas été complète et qu'il faut une nouvelle saignée.

30. *Mercredi. S. Lucain.*   **8.** *Octidi. Scorsonère.*

1793. Brissot et vingt députés périssent sur l'échafaud.

— Vendée. Pinard s'écarte de la route pour se gorger du sang des femmes et des enfants ; trois de ces malheureuses, à qui il a fait violence, sont livrées à la garnison de la commune de Vié ; chacune d'elles essuie dans un jour les outrages de plus de cent furieux : tant d'atrocités les ont tellement affaiblies, qu'en sortant de leurs bras elles ne peuvent se soutenir. Trois jours après, ces bourreaux les fusillent.

31. *Jeudi. S. Quen. v. j.*   **9.** *Nonidi. Alizier.*

1789. Le roi se console des chicanes qui lui sont faites sur la portion d'autorité qu'on lui laisse, en se livrant à sa bienfaisance naturelle, en réparant, autant qu'il le peut, les maux que les tricolores enfantent chaque jour. Il fait faire la remise gratuite, sur les fonds réservés pour ses besoins, de tous les habillements d'hiver et de linge engagés pour des sommes n'excédant pas 24 francs. Lui et la reine font remettre la somme de 6,000 francs, pour aider la malheureuse veuve du boulanger François à continuer son commerce. (V. 19.)

1er NOVEMBRE. — 10 Brumaire.

N L. 6.   P. Q. 11.   P. L. 21.   D. Q. 27.

1er. *Vendredi,* TOUSSAINT.   10. *Décadi. Charrue.*

1791. Nouvelle émission de 300 millions d'assignats. La somme en circulation est d'un milliard quatre cents millions.

1795. Les deux conseils élisent cinq de leurs membres pour remplir les fonctions de Directoire exécutif ; Barras en est le président. Ce Directoire, orgie de boue, a le mérite de succéder à l'orgie de sang. (V. 2 nov. et 27 oct.)

1798. Le conseil des Cinq-Cents accorde 1,300,000 fr. au Directoire pour dépenses secrètes.

2. *Samedi. Les Morts.*   11. *Primidi. Salsifis.*

1789. Décret qui met tous les biens du clergé à la *disposition de la nation.*

De 1792 à 1795. 37 mois ou 1108 jours de délire et d'atrocités ! 1108 jours de destruction et de guerre civile ! tels ont été le règne et l'ouvrage de la Convention. Sept cent cinquante tigres à jeun, dirigés par quelques renards, ont fait de cette belle France une boucherie humaine. Ils ont fait guillotiner à Paris 18,613 Français ; à Lyon, par divers supplices, ils ont fait périr 32,199 personnes ; à Marseille, 729 ; à Toulon, 14,325 ; à Nantes, enfants fusillés, 500 ; enfants noyés, 1,500 ; femmes fusillées, 264 ; femmes noyées, 1,590 ; prêtres fusillés, 300 ; prêtres noyés, 400 ; nobles noyés, 1,400 ; artisans noyés, 5,300 ; en Vendée, par tous les supplices, 900,087. Aujourd'hui les victimes des tricolores s'élèvent à *deux millions vingt-deux mille neuf cent trois.*

3. *Dimanche. S. Marcel.* 12. *Duodi. Macre.*

1793. Combat de Fougères. Laroche-Jaquelin contre les soldats de la tyrannie.

— Madame Olimpe, veuve Aubray, est exécutée; elle avait demandé à assister Malesherbes dans la défense de Louis XVI, et, comme lui, elle porte sa tête sur l'échafaud. (V. 15 déc.)

4. *Lundi. S. Charles.* 13. *Tridi. Topinambour.*

1790. Bailly, qui a applaudi l'insurrection, est contraint de dire à l'Assemblée nationale : « Depuis six mois le peuple de Paris vit d'aumônes; il a fallu le soutenir par de grandes dépenses et le prémunir contre le désespoir de la misère. »

1796. Loi qui crée dans chaque division des armées et de l'intérieur un conseil de guerre permanent; cette mesure a pour but de terroriser l'armée.

5. *Mardi. Ste Bertil'e.* 14. *Quartidi. Endive.*

1793. La Convention décrète que Marat obtiendra les honneurs de l'apothéose et qu'il aura le pas sur J. J. Rousseau. « Ce que Rousseau a dit, s'écria Montaut, Marat l'a fait. »

6. *Mercredi. Léonard.* 15. *Quintidi. Dindon.*

1791. Massacre à Avignon.

1792. Victoire de Jemmappes remportée par les généraux Dumourier et Louis-Philippe d'Orléans contre les Autrichiens.

1793. Mort du député Conslard et d'Orléans, surnommé *Égalité*; les juges écoutent avec dédain la justification du dernier, qui ne peut consister que dans le récit de ses forfaits; toute autre justification serait un nouveau crime.

7. *Jeudi. S. Willebro.*   16. *Sextidi. Chervi.*

1745. Prise d'Ath. Louis XV sur les coalisés.

1792. Discussion sur la mise en jugement de Louis XVI. Le tricolore Saint-Just s'écrie : « Louis doit être jugé pour le crime d'avoir été roi. » Un autre ajoute : « Un roi c'est un tigre, un antropophage que l'humanité abhorre, que la raison repousse. » « Il fut roi, donc il fut coupable, dit Manuel. » Quel atroce raisonnement ! A ce sujet Anquetil dit dans son histoire : « La postérité a déjà prononcé sur les juges éhontés du monarque, et ce serait insulter au bon sens, à la raison, à la justice, que d'essayer de le justifier des imputations calomnieuses dont ils le chargeaient. »

8. *Vendredi. Saintes Reliq.* 17. *Septidi. Cresson.*

1793. Loi révolutionnaire. Les enfants dont les pères et mères auront subi un jugement portant la confiscation de leurs biens, seront reçus dans les hospices destinés aux enfants abandonnés.

9. *Samedi. S. Mathurin.*   18. *Octidi. Dentelaire.*

1791. A Caen, les tricolores se rassasient de massacres, ils mangent le cœur du jeune colonel Belzunce, et des femmes participent à ces cruautés.

1799. 18 brumaire. Bonaparte de concert avec Sieyes et autres conjurés, appuyé par plusieurs généraux, dissout le conseil des Cinq-Cents, présidé par son frère Lucien. — La constitution de l'an III est abolie. Bonaparte, Sieyes et Roger-Ducos sont nommés consuls provisoires.

10. *Dimanche. S. Léon.*   19. *Nonidi. Grenade.*

1796. Hoche, à la tête de 44 mille hommes, pénètre dans l'intérieur de la Vendée, enlève partout les grains et les bestiaux, réduit les habitants à la famine ; cependant Hoche, voulant se donner l'apparence d'un pacificateur, fait distribuer à quelques familles de légères portions des vivres qu'il leur avait volés, et les écrivains tricolores ont l'infamie de proclamer humain pacificateur celui qui continue de faire égorger impitoyablement tous les braves qui tombent en son pouvoir.

11. *Lundi. S. Martin.* 20. *Décadi. Herse.*

1794. Carrier est arrêté. (V. 16 déc.)

1799. Lorsqu'on demande au ministre pourquoi il ne se trouve aux bureaux de la guerre aucun état de solde, de vivres ou d'habillements, il répond : A quoi nous serviraient ces états ? les provinces et les pays conquis pourvoient à tout.

12. *Mardi. S. Vrain.* 21. *Primidi. Bacchante.*

1774. Louis XVI rétablit le parlement.

1793. Combat de Villedieu. Les sans-culottes, défenseurs de la plus cruelle tyrannie, sont battus par les Vendéens, soldats de la liberté.

— La générale est battue dans toutes les rues de Nantes ; le canon d'alarme se fait entendre ; les sans-culottes prennent les armes et parcourent la ville ; de forts détachements, protégés par l'artillerie, ferment toutes les issues, et trois mille citoyens sont fouillés, pillés, incarcérés et guillotinés.

— Mort de Bailly : Arrivé au pied de l'échafaud, les jacobins démontent deux fois la guillotine sous des prétextes atroces ; pendant trois heures il est le jouet de leurs cruautés ; lié, sans pouvoir bouger, ils le frappent de coups de bâton, le couvrent de boue et de crachats ; il s'évanouit, ils le rappellent à la vie en lui brûlant sur la figure un drapeau rouge, sa chemise est brûlée sur lui, il pousse un cri de douleur et demande la mort. Enfin sa tête tombe sous le rasoir national. Les tricolores savourent avec délices les angoisses de cette victime.

13. *Mercredi. S. Gendulfe.* **22.** *Duodi. Azerole.*

1796. Décret qui règle le costume des représentants du peuple. Habit bleu national, ceinture tricolore, manteau écarlate à la grecque et bonnet de velours surmonté d'une aigrette tricolore.

14. *Jeudi. S. Maclou.* 23. *Tridi. Garance.*

1793. Neutralisée par la terreur, l'opinion publique est devenue impuissante; des bataillons de brigands tricolores, sous le nom d'armée révolutionnaire, parcourent tous les départements, une guillotine à leur suite, pour immoler les *modérés.* Le dénonciateur reçoit un quart des biens de ceux dont il fait tomber la tête; plusieurs milliers de tricolores s'enrichissent à cet infâme métier et enseigneront à leurs enfants à idolâtrer leur bannière. Cependant quelques-uns de ces enfants, d'un jugement sain et d'un caractère honnête, suivront une conduite tout opposée à celle de leurs pères. (V. 5 sept.)

15. *Vendredi. S. Eugène.* 24. *Quartidi. Orange.*

1793. Exécution du général Brunet, de messieurs Manuel et Gilbert.

1796. Bataille d'Arcole. Bonaparte contre les Autrichiens.

16. *Samedi. S. Edme.* 25. *Quintidi. Faisan.*

1791. Le président lit à l'assemblée une lettre d'un habitant de St-Domingue, annonçant la révolte de cent mille Nègres, l'incendie de plus de deux cents sucreries, et la destruction presque totale de cette contrée. Cette lettre se termine ainsi : « Nous ne vous dirons pas quelle cause a produit nos malheurs, vous devez assez la connaître. Le décret du 15 mai ne doit jamais sortir de votre mé-moire. »

1793. Exécution du général Houchard.

1796. Mort du roi de Prusse, à Postdam, à l'âge de 54 ans ; son fils, âgé de vingt-sept ans, lui succède sous le nom de Frédéric-Guillaume III.

17. *Dimanche. S. Agnan.*   **26.** *Sextidi. Pistache.*

1755. Naissance de S. M. Louis XVIII, régénérateur de la liberté, et auteur de la Charte constitutionnelle.

1793. Arrêté qui ordonne qu'un fonctionnaire en bon-net rouge conduira les morts au cimetière.

18. *Lundi. Ste Aude, v.*   **27.** *Septidi. Macjonc.*

1793. Nantes. Carrier fait conduire sur les bords de la Loire sept cent neuf femmes et filles : elles sont mises nues et attachées deux à deux ; après avoir subi tous les outrages et malgré leurs cris, leurs larmes et leurs sup-plications, elles sont précipitées à l'eau ; des tricolores montés sur des batelets se font un jeu de percer de leurs sabres les victimes qui reparaissent à la surface de l'onde, plus de cent étaient enceintes de cinq, six et huit mois. (V. 2.)

19. *Mardi. Ste Elisabeth.*   **28.** *Octidi. Coing.*

1789. Continuation des massacres à Paris.

1793. Bataille d'Antrains. La Rochejacquelin contre les tricolores.

20. *Mercredi. S. Edmond.*   **29.** *Nonidi. Cormier.*

1793. Exécution de M. Girey-du-Pery, rédacteur du *Patriote Français.*

— J. B. Cavaignac, député du Lot, à la Convention,

y vota la mort de Louis XVI. Dans ses différentes missions, il commit des cruautés inouïes. Il exigea le déshonneur de la fille de M. La Barère, prévot de la maréchaussée de Dax, en lui promettant, à ce prix, la vie de son père, qu'il n'envoya pas moins le jour même à l'échafaud.

21. *Jeudi. Pr. de N. D.*   30. *Décadi. Rouleau.*

1793. Nantes. 1,600 femmes et enfants, entassés dans la prison, éprouvent les horreurs du froid et de la faim. Trente meurent chaque jour, et leurs cadavres séjournent parmi elles, trente-six heures ; ce ne sont plus des maisons d'arrêt, mais des lazarets pestiférés qui gagnent le dehors. Quarante proscrits voués à la mort consentent à nettoyer ces cachots pour racheter leur vie ; plusieurs y périssent sur-le-champ, et le peu qui survit est fusillé par ordre de Carrier.

22. *Vendredi. Ste Cécile.*   1. *Frim. Prim. Raiponce.*

1793. Prise d'Émée, par Stofflet, sur les tricolores.
— Nantes. Six jeunes filles douées des charmes de la beauté sont guillotinées. Cette exécution fait une telle impression sur le bourreau qu'il en est mort huit jours après.

23. *Samedi. S. Clément, m.*   2. *Duodi. Turneps.*

1790. Des émissaires tricolores, envoyés dans la ville d'Uzès, animent les citoyens contre la troupe de ligne. Le massacre dure plusieurs heures au bruit du tocsin, le nombre des victimes est immense.
1793. M. l'Averdy est massacré par les fanatiques tricolores.

24. *Dimanche. S. Severin.*   3. *Tridi. Chicorée.*

1793. Ordre d'emprisonner tous les fermiers-généraux, intendants et receveurs de finances. Le but des tyrans est de guillotiner tous les riches , sans distinction , pour s'emparer de leurs biens. Voilà comme ils battent monnaie.

1796. M. de Cussy, infortuné proscrit , est condamné à mort , il est exécuté place de Grève.

25. *Lundi. Ste Catherine.*   4. *Quartidi. Nèfle.*

1793. Nantes. Dans la prison de l'Éperonnerie, cinquante-cinq détenus sont fusillés.

1794. Prise de Laval. D'Autichamp sur les tricolores.

26. *Mardi. Ste G. des A.*   5. *Quintidi. Cochon.*

1793. Exécution du général Lamarlière.
— Mâcon. MM. de Ravignac et leur chapelain sont guillotinés.

27. *Mercredi. S. Vital.*   6. *Sextidi. Mâche.*

1793. On ne se sert que de serge tricolore pour ensevelir les morts. La mère qui se servait d'un drap blanc pour ce douloureux office se rendait coupable du crime de suspect.

28. *Jeudi. S. Sosthène.*   7. *Septidi. Chou-fleur.*

1793. Exécution des conventionnels Barnave et Dupont-du-Tertre.

29. *Vendredi. S. Saturnin.*   8. *Octidi. Miel.*

1793. Neuf prolétaires, suspects de royalisme , sont guillotinés. — Prise de la Flèche. La Rochejacquelin contre les tricolores

30. *Samedi. S. André, a.*   9. *Nonidi. Genièvre.*

1777. Naissance de la Rochejacquelin, général des Vendéens.

1793. Nantes. Carrier a réuni six cents enfants, de parents suspects, de proscrits, de Vendéens et d'orphelins, il fait attacher ensemble un garçon et une fille nus; ces innocentes victimes sont mises sur des bateaux, puis précipitées dans le gouffre. Il appelle ces supplices des mariages républicains. (V. 2.)

1ᵉʳ DÉCEMBRE. — 10 Frimaire.

N. L. 5.   P. Q. 13.   P. L. 20.   D. Q. 28.

1ᵉʳ. *Dimanche. Avent.*   10. *Décadi. Pioche.*

1798. La marine française avait trouvé dans Louis **XIV**
cette volonté puissante et créatrice; sa supériorité et sa
grandeur étaient telles, que les Duquesne, les Forbin, les
Jean-Bart en furent étonnés. Nos escadres, confiées au
commandement de ces hommes expérimentés, battirent
les escadres hollandaises et anglaises, châtièrent l'inso-
lence des régences de Tripoli et d'Alger, en 1700. La
France possédait 137 vaisseaux de guerre et 190 frégates;
60,000 matelots figuraient sur les cadres de la marine;
c'est l'apogée de sa puissance. Nous commandions à toute
l'Europe! Que nous sommes déchus; mais de quoi nous
plaindrions-nous, nous possédons le drapeau tricolore!

2. *Lundi. S. François X.*   11. *Primidi. Cire.*

1798. Suite du 1ᵉʳ c. Les tricolores diront-ils à la
France ce qu'ils ont fait de ses immenses colonies? de ses
327 vaisseaux et frégates? de l'empire des mers dont elle
jouissait? Hélas! tout cela est anéanti, l'Anglais a pris
notre place, il a nos colonies, presque tous nos vaisseaux, il promène en maître orgueilleux et absolu son
trident sur la plaine liquide, il vient nous insulter et
nous défier jusque dans nos ports, nos bâtiments n'ont
de refuge que sous le canon de nos forts. Souvent le Français préfère un noble trépas à tant d'ignominie, il s'élance
contre un ennemi supérieur et périt en héros.

3. *Mardi. S. Anême, év.*   12. *Duodi. Raifort.*

1792. Aux Cordeliers, les orateurs ne s'entendent que
pour détruire, mais il n'en est plus de même pour les chefs

à choisir; ils se traitent de gueux, de filous, de voleurs; c'est le langage tiré du dictionnaire des meurtres. Tout est appelé par son nom avec un cynisme dégoûtant : détruire et produire, mort et génération, on ne démêle que cela à travers l'argot sauvage de ces tricolores, dont Danton est souvent le digne président.

4. *Mercredi. Ste. Barbe.*   **13.** *Tridi. Cèdre.*

1793. Quatre-vingt-quinze tricolores, présidés par Chabot, s'écrient : vive l'enfer! Les convives répondent : vive la mort! Dans cette orgie frénétique, ce n'est que cris de vive l'acier! vive le néant! vive la rage! du sang! du sang! Une victime est amenée, on lui ouvre la gorge; les tricolores tendent leurs verres pour recevoir le sang, **et** savourent ce breuvage au milieu d'affreux rugissements.

5. *Jeudi. S. Sabas.*   **14.** *Quartidi. Sapin.*

1790. A Perpignan, quarante-cinq personnes sont massacrées; à Metz, cinq, et à Uzès, trente-deux.

1793. Exécution des députés Kersaint et de Rabaud.

1795. Les colonnes infernales, compagnies d'incendiaires, commandées par des conventionnels, font pour la troisième fois un océan de feu, et réduisent en désert cent lieues carrées des pays fertiles de la Vendée; et pour légitimer leurs crimes, ils traitent de brigands les habitants des pays qu'ils ravagent.

6. *Vendredi. S. Nicolas, év.* **15.** *Quintidi. Chevreuil.*

1793. A Lyon, 209 habitants attachés à des arbres, aux Brottaux, sont fusillés séparément et achevés à coups de sabre.

7. *Samedi. Ste Fare.*   16. *Sextidi. Ajonc.*

1793. Le général Huchet, après avoir fait fusiller une foule d'individus, demande aux députés Hentz et Francastel s'ils sont curieux de voir sa *fricassée humaine*, ce qu'ils acceptent. Il leur fait observer le superbe coup-d'œil des flammes qui s'élèvent du pays qu'il fait incendier.

8. *Dimanche. Conception.*   17. *Septidi. Cyprès.*

1793. Madame Dubarry, M. Vendenyver, banquier, ses deux fils et M. Noël, député, sont guillotinés.

9. *Lundi. Ste Gorgonie.*   18. *Octidi. Lierre.*

1792. Rapport fait par Lanthenas sur les écoles primaires. Le tricolore Durand s'écrie qu'*on n'a pas besoin de trente-six écoles et qu'il ne faut pas que l'on ait l'aristocratie d'être savant.*

10. *Mardi. Ste Valère.*   19. *Nonidi. Sabine.*

1797. Le traitement fixe de chaque membre du directoire est de 134,000 francs par an, et le total des dépenses pour les cinq directeurs, est de 2,736,125 francs. (V. 16 août.)

11. *Mercredi. S. Fuscien.*   20. *Décadi. Hoyau.*

1792. Louis XVI, surnommé le régénérateur de la liberté française, est traduit à la barre de la Convention.

1799. A Montefacco (deux lieues de Gènes), les soldats français mourant de faim, se révoltent. Gouvion-Saint-Cyr profite de leur désespoir pour les lancer sur l'ennemi, qui est mis en déroute.

12. *Jeudi. S. Damase.*   21. *Primidi. Erable-Sucre.*

1792. Malesherbes, Tronchet et Desèze ont le courage de se déclarer défenseurs de Louis XVI. Les vindicatifs et

impitoyables tricolores puniront de mort tant d'héroïsme.
Ces misérables connaissent-ils l'héroïsme? Non, ils ne
comprennent que la servilité, la démagogie et l'argent.

1793. L'armée vendéenne offre le tableau le plus déplorable : plusieurs milliers de femmes, d'enfants, de
vieillards et de malades, pour se soustraire aux égorgeurs, se traînent à sa suite. Les héros vendéens sentent
leur cœur se briser à l'aspect de tant d'infortunés, qu'ils
frémissent d'abandonner. Enfin ils s'emparent du Mans
où ils espèrent mettre en sûreté ces innocentes victimes ;
attaqués sur plusieurs points à la fois par un ennemi
dix fois plus nombreux, ils le repoussent cependant glo-
rieusement ; mais de nouvelles forces les accablent et
pénètrent dans la ville ; là, femmes, vieillards, enfants,
malades, jusqu'au dernier, sont massacrés par les tricolores, qui annoncent que l'ordre règne au Mans !!...

13. *Vendredi. Ste Luce.*   **22.** *Duodi. Bruyère.*

1793. Le duc de Charost, ex-colonel, est mis à mort
avec des circonstances ignobles.

1799. Napoléon est nommé premier consul.

14. *Samedi. S. Nicaise.*   **23.** *Tridi. Roseau.*

1789. Les massacreurs s'abattent sur Senlis, où ils
égorgent soixante-quatre habitants.

1790. Arles est aussi le théâtre du meurtre.

1793. Lequinio ordonne de fusiller 4,500 détenus à
Fontenay-le-Peuple, et dit qu'à l'avenir on fusillera tous
les prisonniers vendéens.

15. *Dimanche. S. Mesmin.*   **24.** *Quartidi. Oseille.*

1792. Lettre de madame Olympe (veuve Aubry, auteur
dramatique) à la Convention. Elle demande à défendre
Louis XVI avec le vertueux Malesherbes, et dit : « Je ne

serais pas entrée en lice avec un tel défenseur, si la cruauté aussi froide qu'égoïste du citoyen Target n'eût enflammé mon héroïsme et excité ma sensibilité. » Tant de courage est aux yeux des tricolores un crime qui demande du sang ; aussi feront-ils couler celui de cette héroïne. (V. 3 nov.)

1793. Massacres et noyades à Nantes.

16. *Lundi. Ste Adélaïde.*   25. *Quintidi. Grillon.*

1794. Carrier, Grandmaison et Pinard sont guillotinés par ordre de leurs confrères en crimes, qui espèrent par ce châtiment se laver aux yeux du peuple de leur participation à tous leurs forfaits.

17. *Mardi. Ste Olympe.*   26. *Sextidi. Pignon.*

1793. A Nantes, soixante ouvriers, dont sept femmes, sont fusillés.

18. *Mercredi. IV Temps.*   27. *Septidi. Liége.*

1793. Une proclamation de Carrier assure amnistie aux *rebelles* qui se rendront à Nantes. Sur la foi de cette pièce authentique, quatre-vingts cavaliers se présentent dans cette ville, le lendemain ils sont tous fusillés dans la plaine de Sainte-Mauve. (V. 24.)

19. *Jeudi. S. Thimothé.*   28. *Octidi. Truffe.*

1778. Naissance de madame la duchesse d'Angoulême.
1793. Toulon rentre sous le despotisme des tricolores, qui exigent 40,000,000. Aussitôt cette somme comptée, ils mettent cette cité au pillage. (V. 27 août et 20 déc.) — A Bordeaux, les deux frères Grangeneuve sont guillotinés.

20. *Vendredi. S. Philogone.* 29. *Nonidi. Olive.*

1793. Les Toulonnais reçoivent l'ordre de se rendre au Champ-de-Mars, sous peine de mort. Huit mille obéissent. Ils sont entourés, on va les écraser en un instant, mais les proconsuls Gasparin, Lester-Bauvais, Robespierre jeune, Ricord, Albitte, Barras, Fréron et Salicetti veulent prolonger leurs barbares plaisirs; ils commandent aux soldats de saisir, au hasard, dans cette foule, un dixième; rangés le long d'un mur, l'airain tonne et crible tous ces malheureux, qui poussent des cris déchirants; ceux qui respirent encore tendent des mains suppliantes à leurs bourreaux, qui les achèvent à coups de fusil et de bayonnette.

21. *Samedi. S. Thomas.*   **30.** *Décadi. Pelle.*

1793. A Toulon, les prisons regorgent de victimes qui vont être successivement sacrifiées par nos tyrans, qui opèrent la destruction des droits de l'homme; les plus beaux édifices et bâtiments particuliers sont en voie de démolition.

22. *Dimanche. S. Ischirion.*   1ᵉʳ *Nivôse. Primidi. Tourbe.*

1793. A Toulon, les proconsuls ont décidé que la guillotine serait insuffisante pour assouvir leurs fureurs; tous les genres de supplices sont mis en usage; 142 citoyens sont mis à mort. D'ici à quelques jours, le nombre des victimes assassinées montera à 14,325. (V. 2 nov.)

23. *Lundi. Ste Victoire.*   **2.** *Duodi. Houille.*

1795. Décret qui autorise la fabrication de seize milliards d'assignats, qui, avec les vingt-quatre milliards déjà en circulation, font un total de quarante milliards! (V. 18 mars.)

24. *Mardi. S. Yves. V. j.*   **3.** *Tridi. Bitume.*

1793. A Nantes, 86 cavaliers qui sont venus rendre leurs armes sont fusillés, dix heures après, au poste du Bourg-Fumé. 108 fantassins subissent le même sort, place Sainte-Mauve. Le canonnier Jacob fait sauter avec son sabre les têtes de ceux qui ont échappé aux balles. (V. 18 déc.)

25. *Mercredi.* NOEL.   4. *Quartidi. Soufre.*

1793. A Nantes, 80 femmes que l'on attache deux à deux, après les avoir mises nues, pour les noyer, implorent vainement leurs bourreaux en faveur de leurs enfants, ils leurs répondent que ce sont des *louveteaux* qu'il faut étouffer.

26. *Jeudi. S. Etienne, pr. m.*   5. *Quintidi. Chien.*

1792. Deuxième comparution de Louis XVI et de ses trois défenseurs. M. Desèze porte la parole et prouve l'injustice de l'accusation.

27. *Vendredi. S. Jean, év.*   6. *Sextidi. Laye.*

1793. Prise de Châtillon. Charette sur les tricolores. — Exécution de l'ex-ministre Lebrun.

28. *Samedi. SS. Innocents.*   7. *Septidi. Terre végétale.*

1793. M. Diétrich, ancien maire de Strasbourg, est guillotiné.

29. *Dimanche. S. Thomas.*   8. *Octidi. Fumier.*

1780 à 1790. Cent vingt-trois personnes périssent dans les incendies des châteaux de la Bourgogne.

30. *Lundi. Ste. Colombe.*   9. *Nonidi. Salpêtre.*

1793. Le chef vendéen Pérault dit aux tricolores qui lui bandent les yeux pour le fusiller : « Ce soin est inutile, je sais affronter la mort; ma seule douleur en quittant la vie est de voir des Français transformés en assassins. » Dans l'armée tricolore, bon nombre de militaires n'exécutent ces massacres qu'avec répugnance; plusieurs même exposent leur vie pour soustraire quelques victimes aux égorgeurs.

— Les jacobins fêtent la prise de Toulon. Les cruels portent des toasts à la mort, au sang de ses malheureux habitants !

31. *Mardi. S. Sylvestre.*   **10.** *Décadi. Fléau.*

1793. Le général Biron est condamné à mort pour n'avoir pu terminer la guerre de la Vendée au jour qui lui avait été fixé. Sur l'échafaud, il s'écrie : « *J'ai été infidèle à Dieu, à mon roi, à mon pays.* Je meurs plein de repentir d'avoir contribué à affermir le pouvoir des scélérats qui oppriment la patrie. » Ce général a raison, il n'y a vraiment d'honneur à combattre que dans les rangs des héros vendéens, et ceux qui marchent sous la bannière des égorgeurs tricolores sont des misérables sans patriotisme, sans énergie, ou abusés et trompés par les dominateurs du jour.

RÉSUMÉ

DES EFFORTS DES HÉROS VENDÉENS,

PENDANT LA TERREUR,

POUR RECONQUÉRIR LA LIBERTÉ.

Tout se courbe et cède au joug de la Convention, excepté l'héroïque Vendée ; elle verse son sang généreux pour la liberté en combattant les assassins, les colonnes infernales, armées d'incendiaires commandées par des conventionnels ; dans DEUX CENTS prises et reprises de villes, de villages et redoutes ; dans SEPT CENTS actions particulières, et dans DIX-SEPT batailles rangées, elle combattit trois cent quarante mille hommes de troupes réglées, cinq à six cent mille réquisitionnaires ; prit cinq cents pièces de canons et cent cinquante mille fusils. Trois cent mille hercules vendéens périrent dans cette guerre ; un bon nombre fut assassiné lâchement ainsi que les prisonniers qui furent faits : cent lieues carrées de ce pays furent trois fois incendiées par les tricolores, qui poussaient la calomnie (leurs armes favorites) jusqu'à accuser ces braves de dévaster leur propre pays ; et comme il était impossible de réfuter d'aussi atroces calomnies, le peuple croyant ces fables s'indignait contre les victimes et s'enflammait pour les bourreaux ! Et c'est sur ces écrits et sur ces documents erronés, écume de la calomnie, de la tartuferie, que de jeunes écrivains vont puiser leurs recherches et reproduisent sous toutes les formes ces mensonges que dans leur haine ils exagèrent encore.

Oui, Français, mes compatriotes, c'est une tâche bien difficile que celle de faire triompher la vérité lorsque, pendant vingt ans, les assassins, les incendiaires, les usurpateurs et tous les hypocrites qui ont exploité le pouvoir, ont inondé le pays d'écrits infâmes sans qu'il fût possible d'en réfuter un seul sous peine de mort ; les braves qu'ils assassinaient étaient toujours des fanatiques, et, selon ces brigands , eux seuls étaient les sauveurs de la patrie et les *amis du peuple*.

Les écrivains qui s'étaient faits leurs prosélytes, publiaient en leur honneur les éloges et les flatteries les plus absurdes, et le Français bon, crédule et facile à tromper, croyait toutes ces fables. Voilà ce qui explique pourquoi , à ces époques, il y avait tant de *héros*, de *grands hommes* qui depuis ont été reconnus n'être que des pygmées.

Pouvait-il y avoir de grands hommes parmi les défenseurs de ce pouvoir ? non ! un grand homme eût plutôt brisé son épée que de servir de tels monstres ; l'ignoble Convention avait bien à son service quelques hommes *habiles*, et pour la masse ignorante, cette habileté et la rouerie constituent ordinairement le grand homme : erreur déplorable ! Pour mériter le titre de grand , il faut joindre à des talents supérieurs une grande élévation d'âme , l'amour de la justice et de l'humanité , savoir résister au despotisme , le combattre , mais ne jamais le servir ; aussi les grands hommes ne se trouvaient que dans les rangs des Vendéens.

La monarchie française existait depuis quatorze siècles, lorsque le drapeau tricolore parut à la suite d'une émeute, et que ces trois couleurs devinrent *nationales*. Maintenant que nous connaissons tous les événements auxquels ces couleurs présidèrent dès leur origine, nous pouvons établir une comparaison avec tous les faits qui eurent lieu avant et après Clovis, au milieu de cette monarchie bardée de fer et rendue puissante par la liberté ; depuis les factions religieuses qui signalèrent l'établissement du protestantisme en France ; depuis la St-Barthélemy, cette grande tache qu'on a jetée sur le front de Charles IX, sans prendre garde que ce crime, acte gouvernemental, réagissait contre la révolte protestante ; car les prétentions de ces insurgés ne s'élevaient à rien moins qu'à établir une fédération nobiliaire, en chassant le roi de France, et en partageant le royaume à une foule de seigneurs de la religion calviniste ; enfin, depuis la ligue jusqu'aux ridicules folies de la Fronde ; et à l'époque de la première apparition du drapeau tricolore, ce qui forme, comme nous l'avons déjà dit, une période de quatorze cents ans, tous les gouvernements, toutes les factions et les assassins réunis n'ont pas fait couler le quart de sang humain, ni donné la centième partie d'ordres impitoyables que ces tyrans, si sottement appelés *populaires*, et qui se décoraient du titre pompeux *d'adorateurs de la raison*. Demandez-leur ce qu'ils ont fait de Lyon, la première ville manufacturière de France ! Demandez à Carrier le récit de ses fusillades, de ses noyades et de ses *mariages républicains* ! A Marat et à Robespierre, les décapitations innombrables qu'ils décrétaient chaque jour ! Aux clubs le détail de leurs insurrections et des journées de juin, de septembre et de celle du 10 août, qui précéda le régicide du 21 janvier, et le déluge de sang qui le suivit ! Interrogez l'histoire sur les événements de Toulon, et arrêtez-vous enfin sur toute cette période de nos annales si pleines de bourreaux et de victimes que l'on compte par millions ; descendez enfin au fond de votre conscience : méditez et jugez !!!

LE CONSTITUTIONNEL.

Ce journal n'a dû son prodigieux succès qu'à la mauvaise foi de sa rédaction, qu'aux nouvelles mensongères dont il était chaque jour rempli : ce perfide manége offrait l'attrait piquant de faits nouveaux. Ce rôle de tartufe, de cafard, le fit préférer à ses confrères plus véridiques, par les masses toujours avides de nouveautés et qui sont de trop bonne composition pour se douter qu'on les trompe.

Il est temps de fouler aux pieds cette vieille enseigne, toute couverte d'oripeaux, et de juger tout le mal qu'elle a fait à la société.

Voyant son immorale tactique couronnée de succès, il en vint à publier chaque année jusqu'à douze à quinze cents articles faux, supposés et calomnieux, ce qui donne une moyenne d'environ cinq articles de mensonges par jour.

Désireux d'initier la France à la science politique de cette feuille hypocrite, je me propose de publier tous les articles faux et calomnieux d'une année ; les douze à quinze cents mensonges seront commentés et accompagnés chacun de la preuve.

La dernière année de la restauration étant la moins éloignée de nous, c'est aussi celle que je me propose de publier. On pourra se convaincre de la tartuferie, de l'immoralité, de l'opposition de ce journal.

On peut souscrire à cet ouvrage, qui sera mis sous presse aussitôt que cinq cents souscriptions seront réalisées. Cet ouvrage formera deux forts volumes, qui seront mis en vente au prix de 12 francs.

Les souscriptions sont reçues, sans rien payer d'avance, chez l'auteur et chez tous les libraires de France et de l'étranger.

Nous joignons ici l'analyse d'un article remarquable publié par *le Patriote*, journal de Toulouse, dans son numéro 243.

« Commençons par le roi des journaux, par le colossal *Constitutionnel !* Colosse, il est vrai, mais colosse aux pieds d'argile, que chaque jour ruine et ébranle sur sa faible base, encore debout, parce qu'il s'appuie sur l'imbécillité de certaines classes d'esprits qu'il représente assez bien. Ignorant, mobile comme elles, n'ayant de national que la haine des Bourbons aînés, qui chez lui dégénère souvent en brutalité ; armé de tous les préjugés communs d'une philosophie qui a fait son temps, flattant les plus grossières passions du riche parvenu qui oublie son origine, de l'épicier de Paris, son plus assidu lecteur, dont il est l'oracle, et qu'il a grand soin d'entretenir dans ses égoïstes et bas instincts d'ordre prétendu ; il vit comme tout ce monde-là, qu'il lui appartiendrait de moraliser, sans principes positifs, dans les perpétuelles alternatives d'une raison politique manquant de base et d'appui dans la conscience humaine.

» De tout temps, au reste, sous la restauration comme aujourd'hui, *le Constitutionnel* a tergiversé, biaisé. Sa politique avouée sous Louis XVIII et Charles X, c'était la charte de 1814. Il n'écrivait, disait-il, que pour cette charte, dans l'intérêt du trône existant et du monarque régnant (*style du Constitutionnel*). Il a pris soin de le dire à satiété aux Bourbons aînés, dont toutefois, il faut lui rendre cette justice, il souhaitait cordialement la chute. Jamais pourtant, malgré sa haine profonde et mal déguisée, il n'eut le courage de leur faire la guerre avec franchise ; et, jusqu'à la veille de la révolution de 1830, il a imperturbablement protesté de son affection pour eux. Ce fut sans contredit le plus grand tartufe tricolore de la comédie de 15 ans. Il ne s'en cache plus maintenant ; il s'en fait gloire.

» Certes, c'est un indice affligeant que l'influence qu'un tel journal exerce encore sur tant d'esprits ; indice affligeant du peu de progrès intellectuel qu'ont fait en France les classes moyennes, que nous ne désespérons pas toutefois de voir bientôt se choisir un meilleur guide à l'avenir.

» Le jour où la France aura ouvert les yeux au soleil de l'intelligence, et sera pénétrée de toutes parts du véritable esprit d'ordre, de liberté, de civilisation, c'en sera fait de la puissance et des abonnés du *Constitutionnel.* »

TABLE.

tille, massacres. — 15 Lafayette commandant la garde nationale. — 16 Sauvage, meunier, est pendu. — 17 Louis XVI à l'Hôtel-de-Ville. — 19 Horribles organisations. — 20 Insurrection à Strasbourg. — 21 Massacres de Foulon, de Berthier, etc. — 23 Montesson, Cuveau, etc., sont massacrés.

1er *Août*. Massacres à Saint-Denis. — 4 L'égalité devant la loi. — Liberté indéfinie de la presse.

12, 14 *Septembre*. Massacres à Orléans. — 29 Responsabilité ministérielle.

5 *Octobre*. Massacres des gardes du corps. — 6 Têtes coupées et frisées. — 18 Paroles sublimes de la reine. — 19 Massacres à Paris. — 31 Bienfaisance du roi.

2 *Novembre*. Biens du clergé. — 19 Massacres à Paris.

14 *Décembre*. Massacres à Senlis.

1790. 16 *Janvier*. La France en quatre-vingt-trois départements. — 21 Guillotin propose l'adoption de la guillotine.

4 *Février*. Louis XVI à l'assemblée. — 18, 19 Exécutions. — 20 Mort de Joseph II.

13 *Mars*. Les tricolores sont cruels.

5 *Avril*. Massacres à Vannes. — 8 A Nîmes et à Souvent. — 15 Le clergé est dépouillé de ses biens.

1er *Mai*. Massacres à Marseille. — 3 A Toulon. — 4 Les juges cessent d'être inamovibles. — 9 Assassinats à Montauban et à Valence.

7 *Juin*. Massacres à Nîmes. — 15 Massacre d'une famille. — 19 Députation du genre humain.

3 *Juillet*. Lamourette arrête la fureur des factieux. — 10 Voltaire au Panthéon. — 14 Fédération du Champ-de-Mars.

31 *Août*. Combat dans les rues de Nancy.

6 *Septembre*. Massacres à Angers. — 7 Magistrature détruite. — 29 Huit cents millions d'assignats. — 20 Le drapeau tricolore.

4 *Novembre*. Bailly fait connaître la misère du peuple. — 23 Massacres à Uzès.

5 *Décembre*. Massacres à Perpignan, Metz et Uzès. — 14 Meurtres à Arles. — 29 Incendies de la Bourgogne.

1791. 2 *Janvier*. Établissement des contributions foncières. — 20 Pillage de boutiques à Paris. — 21 Au Palais-Royal un bijoutier est poignardé. — 24 Paris, cinq prisonniers sont égorgés.

1er *Février*. Droit d'enregistrement. — 8 Le bonnet des galériens. — 10 Massacres à Paris. — 13 Id. à Uzès. — 28 Les Tuileries sont menacées.

4 *Mars*. Massacres à Saint-Domingue. — 17 A Douai, Nicolon est pendu. — 19 Massacres à Toulouse.

1er *Avril*. Droits du timbre. — 2 Mort de Mirabeau.

12 *Mai*. Massacres à Tulle. — 15 Flagellation des sœurs de charité. — 16 Massacres à Castelnau. — 24 Massacres à Colmar. — 28 Première législature.

5 *Juin*. Le roi ne peut plus faire grâce. — 10 Bataille gagnée par Cathélineau. — 21 Le roi et sa famille quittent Paris. — 24 Le roi arrêté à Varennes. — 27 Le roi prisonnier aux Tuileries.

16. *Juillet*. Le roi est décrété inviolable. — 17 Deux invalides sont égorgés. — Lafayette fait tirer sur le peuple.

18 *Aout*. Récompense dite nationale.

19 *Septembre*. Tribunal martial. — 30 Constituante.

1er *Octobre*. Installation de l'assemblée nationale. — 16 Avignon, soixante-un massacres.

1er *Novembre*. Nouvelle émission d'assignats. — 6 Massacres à Avignon. — 9 Massacres à Caen. — 16 Saint-Domingue.

1792. 24 *Janvier*. Pillage des épiciers.

20 *Février*. Armée de 700,000 hommes. — 27 Massacres à Dunkerque.

3 *Mars*. Massacre à Etampes. — 20 La guillotine est adoptée pour les exécutions. — 24 De petites guillotines servent de jouets. — 26 Gustave III, roi de Suède, est assassiné.

23 *Avril*. Gratification aux dénonciateurs.

8 *Mai*. Coupe-Tête fait son entrée à Avignon.

12 *Juin*. Assignats. — 20 Les brigands aux Tuileries. — 22 Proclamation du roi. — 25 Le Jacobin Chabot. — 29 Pétitions sur les crimes du 20 juin.

12 *Juillet*. Écharpes et ceintures tricolores. — 15 Massacres à Aix et à Bordeaux. — 25 Massacres à Arles. — 27 Desprémenil sabré. — 30 Paris infesté d'assassins.

1er *Aout*. Le corps législatif. — Cent mille piques. — 2 Appel à l'étranger. — 5 Massacres à Toulon. — 7 Calomnie et crédulité. — 9 Préparatifs de défense des Tuileries. — 10 Massacres aux Tuileries. — 11 Massacres dans Paris. — 13 Destruction de la liberté de la presse. — 14 Le roi emprisonné. — 17 Destitutions. — 19 La reine et madame Lamballe. — Visites domiciliaires. — 20 Danton ministre de la justice. — 21 Exécutions. — 22 Indignation apaisée. — 25 Exécutions. — Visites domiciliaires. — 27 Anacharsis-Clootz. — 29 Danton au club des cordeliers. — 30 Exécutions. — 31 Tallien excite au crime.

1er *Septembre*. Danton et ses sicaires. — 2, 3 Massacres de septembre. — 4 Massacres, Montmorin est empalé. — 7 Vingt-cinq millions d'assignats. — 9 Massacres à Versailles. — 10 Massacres à Lyon. — 11 Les massacreurs. — 12 Massacres à Caen. — 15 D'Orléans Égalité. — 16 Citoyens brûlés vifs. — 17 Pillage et incendie. — 21 Installation de la Convention. — 22 La royauté est abolie. — 23 La Convention aux philosophes. — 25 Exécution de Cazotte. Massacres à Lyon. Marat.

8 *Octobre*. Massacres à Cambray. — 9 Prisonniers de guerre égorgés. — 29 Marat, nouvelle saignée.

6 *Novembre*. Victoire de Jemmapes. — 7 Inconcevable discussion.

3 *Décembre*. Club des cordeliers. — 9 Durant ne veut plus de savants. — 11 Louis XVI à la barre. — 12 Défenseurs de Louis XVI. — 15 Lettre de madame Olimpe. — 26 Louis XVI à la barre. — 27 Prise de Châtillon. Exécutions. — 28 Exécutions.

1793. 1er *Janvier*. Décret qui établit un comité de défense générale.—4 Custine et Lodeveze sont guillotinés.—5 Exécution du général Luckner.— 13 Décourchoux fils massacré.— 17 Condamnation à mort de Louis XVI. — 19 Cambacérès demande l'exécution de Louis XVI. — 20 Malesherbes *encouragé* par Louis XVI. — 21 Mort de Louis XVI. — 27 Un citoyen et barbarie.

2 *Février*. Lyon, tyrannie. — 5 Exécutions à Caen. — 6 Affreux complot à Lyon. — 20 Exécutions. — 21 Tyrans détracteurs. — 22 Cadavres sanglants. — 24 Un million à partager. — 25 Pillage des épiciers.

3 *Mars*. M. Frouille est guillotiné. — 5 Décret contre les enfants. — 6 Douze colonnes d'incendiaires. — 7 Déclaration de

guerre à l'Espagne. — 9 Massacres des députés qui n'ont pas
voté la mort du roi. — 10 Institution du tribunal révolutionnaire.
Biens des guillotinés. — 11 Section Poissonnière. — 14 Ordre
de mettre les galériens en liberté. — 16 Prise de Cholet par
Cathelineau. — 18 Victoire des Vendéens. — 19 Les hôpitaux
vont être vendus. — 21 Bonchamp prend Chalonnes. — Massacres à Rochefort. — 25 Comité de sûreté générale. — 26 Terreur
à Marseille. — 27 Les aristocrates hors la loi. — Charette contre
les tricolores. — 28 Le rasoir national à Marseille. — 29 Charette bat les tricolores. Il est trahi. — 31 Comités d'insurrection
et de salut public.

3 *Avril*. Les suspects. — 6 Création du comité de salut public.
— 10 Arrestation d'Égalité. — 12 Arrestation de Marat. — 13
Marat s'échappe de l'Abbaye. — 14 Les Anglais s'emparent de
Tabago. — 15 M. Blanchelande est guillotiné. — 16 Cathelineau
contre les soutiens de la tyrannie. — 23 Les Vendéens contre
les incendiaires. — 27 Lyon, trente-trois millions d'impôt. —
29 Combat contre les Prussiens.

1er *Mai*. Dampierre est blessé. — 3 Motions affreuses. — 10
Les Vendéens s'emparent de Partenay. Première séance de la
Convention. — 12 Lescure contre les tricolores. Décret immoral.
— 21 Combat de Châtillon. Exécutions. — 27 Les Vendéens
aux Français. Exécutions. — 28 Arrestations à Lyon. — 29 Les
Lyonnais sont battus. — 30 Les Lyonnais chassent leurs oppresseurs. — 31 Soixante-deux députés mis hors la loi.

1er *Juin*. La France aura assez de cinq millions d'habitants. —
2 Arrestation de soixante-treize députés. — 7 Admirez de Samson. 10 août. — 9 Les héros Vendéens à Saumur. — 13 Exécu-
teurs de jugements. — 18 Trente exécutions. — 22 Embargo
sur les bâtiments de commerce.

2 *Juillet*. Vigoureux sans-culottes. — 4 Ordre de passer au fil
de l'épée les prisonniers. — 8 D'Autichamp contre les tricolores.
— 12 Neuf exécutions. — Auxerre, fête à la terreur. — 13 Marat
est poignardé. — 17 Mort de Charlotte Corday. — Déroute des
tricolores.

3 *Août*. Le Jeune et les forges de la vengeance. — 4 Massacres
à Saint-Domingue. — 5 Le vendalisme tricolore. — 6 Les tom-

beaux de Saint-Denis violés. — 8 Arrestations des artistes.
Droits de l'homme. — 12 Les suspects. Lecointre, motion infâme. Suppression des sociétés littéraires. — 20 Levée en
masse. — 24 Dubois-Crancé et Kelermann à Lyon. — 27 Les
Anglais entrent à Toulon. — 28 Combat de Léger.

5 *Septembre*. Armée révolutionnaire. — Les sections. — 6
Combat et exécutions. — Appel aux étrangers. — 7 Arrestation
des banquiers. — 8 Les Vendéens contre les tricolores. — 17
Arrestation des suspects. — 18 Les Vendéens battent les tricolores. — 20 Les galériens et les Jacobins. — 21 Les femmes portent la cocarde. — 24 Exécutions. — 26 Combat contre les Vendéens. — 27 Dix mille prisonniers. — 28 Deux milliards d'assignats.

3 *Octobre*. Arrestation de soixante-six députés. — 4 Le peuple
est mitraillé. — 7 Combat de Bressuire. Nouveau calendrier. — 8
Carrier arrive à Nantes. — 9 Massacres à Lyon. Les Vendéens —
10 Prise de Lyon. — 11 L'infâme Chabot. — 12 Lyon détruit. Barras à Marseille. — 13 Lyon. Les bourreaux fatigués. — 14 Nantes,
compagnie Marat. — 15 La reine et ses assassins. — 16 Mort
de la reine. L'illustre Bonchamp. — 17 Mort de Bonchamp.
Pendant de la Pologne. — 21 Mitraillades à Lyon. — 22 Les
Vendéens. Il me faut huit cents coupables. — 23 Massacres à
Nantes. — 24 Suppression des avoués. Lyon, exécutions. —
25 Chaux à Nantes. — 26 Joie aux sans-culottes. — 27 Bataille
d'Entrames. — 28 Armée infâme, guerre aux femmes. — 30
Exécutions et massacres.

3 *Novembre*. Larochejacquelin, combat de Fougères. — Madame veuve Aubry est exécutée. — 5 Apothéose de Marat. — 6
Exécution d'Orléans. — 8 Loi révolutionnaire. — 12 Combat de
Villedieu. Massacres à Nantes. Exécution de Bailly. — 14 Armée révolutionnaire. — 15 Exécutions. — 16 Exécutions. —
17 Le bonnet rouge. — 18 Sept cent neuf noyades à Nantes.
— 19 Bataille d'Antrains. — 20 Exécutions. — 21 Nantes, atrocités. — 22 Stofflet victorieux. Massacres à Nantes. — 23
Massacres. — 24 Manière ingénieuse de battre monnaie. —
25 Fusillades à Nantes. — 26 Exécutions. — 27 Serge tricolore.

— 28 Exécutions. — 29 Prolétaires exécutés. Prise de Laflèche.
— 30 Noyades à Nantes.

4 *Décembre*. Orgie frénétique. — 5 Exécutions. — 6 Fusillades à Lyon. — 7 Fricassée humaine. — 8 Exécutions. — 12 L'armée vendéenne. — 13 Exécutions. — 14 4,500 Exécutions. — 15 Noyades à Nantes. — 17 Fusillades à Nantes. — 18 Proclamation de Carrier. — 19 Exécutions à Bordeaux. Toulon succombe. — 20 Massacres à Toulon. — 21 Démolitions à Toulon. — 22 Tous les genres de supplices mis en usage. — 24 Fusillades à Nantes. — 25 Noyades à Nantes. — 30 Férault est fusillé. Fête à Toulon. — 31 Le général Biron est exécuté.

1794. 2 *Janvier*. Bô dit : La France aura assez de douze millions d'habitants. — 5 La Convention se rend pouvoir judiciaire. — 6 Trois juges ont droit de vie et de mort sur les habitants de Marseille. — 12 Lamourette est guillotiné. — 13 Les représentants du peuple reçoivent trente-six francs par jour. — 15 Boislong est guillotiné à Toulouse. — 21 Quatremère, marchand de draps, est guillotiné. — 22 Bernard, député, est guillotiné. — 27 Stofflet bat les tricolores. — 28 Marcé, général, est guillotiné. — 29 Massacres à Laval. A Nantes, arrestation des courtiers. — 30 Arrestation à Nantes des interprètes et marchands de denrées. — 31 Auriolle, vitrier à Toulouse, est guillotiné. Madame Roland est guillotinée.

1er *Février*. Exécutions. — 3 M. Duclos est guillotiné. A Nantes, deux cent-huit jeunes filles sont noyées. — 6 Assassinat de madame Marbeuf. — 7 Exécutions. — 9 Robespierre et Carrier. — 11 Le maire de Nantes et Carrier. — 12 L'infâme général Grignon. — 13 Hoche dévastateur. — 14 Exécutions. — 15 Westermann en Vendée. — 16 Carrier « Soldats. » — 17 Cruautés de Carrier. — 23 Victoire des Vendéens. Exécutions. La Rochelle. — 24 Exécutions à Rouen et à Toulouse. — 25 Exécutions. — 26 Pouvoir discrétionnaire.

2 *Mars*. A Rozay dix habitants sont guillotinés. A Toulouse on guillotine madame Cassan. — 8 Madame de Larochefoucault est guillotinée. — 12 Formule des jugements révolutionnaires. — 15 Quinze suspects sont guillotinés. — 16 Robespierre et les tyrans. MM. de Cieuzac et Quétineau sont guillotinés. — 18

M. Duruey est guillotiné. — 19 M. Mazuyer est exécuté. — 22 Impudence des tricolores. — 24 Hébert et dix-huit tricolores sont guillotinés. — 26 M. l'évêque Goutes périt sur l'échafaud. — 31 Bibliothèque vendue. — M. et madame Lavergne sont guillotinés.

1er *Avril*. M. Salaberry est guillotiné. — La mort à l'ordre du jour. — 5 Danton et quatorze Orléanistes sont guillotinés. — 6 Offrande au rasoir national. — 7 Les Français à Oneglia. — 11 Les Anglais prennent la Guadeloupe. Décret contre les recéleurs d'ecclésiastiques. — 13 Chaumette et dix-neuf autres sont guillotinés. — 14 Défense de se plaindre de la révolution. — 18 Demi-livre de viande tous les cinq jours. Laborde et seize suspects sont guillotinés. — 20 Molle et trente-deux suspects sont guillotinés. — 21 Arrestation des prêtres à Rouen. — 22 Malesherbes et douze suspects sont guillotinés. — 23 Madame Lubomirski est guillotinée. — 24 Trente-huit habitants de Verdun sont suppliciés. — 25 Massacres à Rochefort. — 28 De Villeroy et trente-quatre suspects sont exécutés.

2 *Mai*. Quarante-trois exécutions. — 5 Onze exécutions. — 6 Incendie de Bédouin. — 7 Vingt-huit exécutions. — 9 Vingt-cinq exécutions. — 10 Madame Élisabeth **est** suppliciée. — 11 Les prêtres infirmes sont emprisonnés. Huit exécutions. — 13 Trois exécutions. — 14 Quatre exécutions. — 16 Le calomniateur Gomin. — 21 Exécutions. — 25 Décret horrible. — 26 Exécutions. — 30 Gibier adressé à la guillotine. — 31 Exécutions.

1er *Juin*. Brillon et huit suspects sont exécutés. — 3 Le conseil municipal de Sédan est guillotiné. — 6 Panache et ceinture tricolores. — 8 Culte de la raison. — 10 Tribunal révolutionnaire. — 11 Sorcière punie de mort. — 12 Quinze mille exécutions à Orange. — 13 Barrière du Trône dite renversée. — 14 Trente exécutions. — 16 Trente-huit exécutions. — 17 Cinquante-quatre exécutions. — 23 Exécutions. — 25 Dix-neuf exécutions. — 26 Trente-six exécutions. — 27 Vingt-deux exécutions. — 28 Le cimetière.

1er *Juillet*. Les beaux-arts sont anéantis. — 5 Vingt-un membres du parlement sont guillotinés. — 6 Exécutions à Bordeaux. — 7 Soixante-quinze magistrats sont guillotinés. — 8 Soixante-sept victimes sont guillotinées. — 9 Nouveaux massacres. — 10 Trente-huit suspects sont guillotinés. — 11 Ysabeau est exécuté. — 12 Soixante-deux innocents sont guillotinés. — 13 Vingt-huit exécutions. — 14 Anniversaire de la prise de la Bastille. — 18 Trente exécutions. — 19 Dix-sept exécutions. — 22 Vingt-cinq exécutions. — 23 Quarante-six exécutions. — 24 Trente-six exécutions. — 25 Vingt-six exécutions. — 26 Cinquante-trois exécutions. Robespierre. — 27 Quatre-vingts exécutions. Robespierre. — 28 Exécution de Robespierre. — 29 Soixante-dix exécutions.

3 *Août.* Exécution de Joseph Lebon. — 6 Exécution de Coffinal. — 11 Anniversaire des massacres du 10 août. — 28 Le poète Chénier.

20 *Septembre.* Éloge de Marat. — 22 Marat au Panthéon.

11 *Novembre.* Carrier est arrêté. — 25 Prise de Laval.

16 *Décembre.* Carrier est guillotiné.

1795. 3 *Janvier.* La Pologne est partagée. — 9 Pichegru prend Amsterdam. — 14 Charette accorde la paix. — 23 Pichegru prend Lahaye. — 25 Seize degrés de froid.

19 *Février.* Combat d'Ancy. — 26 Triomphe de Charette à Nantes.

15 *Mars.* Une livre de pain par jour. — 17 Stofflet bat les tricolores. — 26 Lescure bat les tricolores. — 31 Déportation de douze députés.

24 *Avril.* Bonchamp contre les tricolores.

4 *Mai.* Stofflet fait la paix. — 7 Exécution de Fouquier Thinville. — 17 Les armées se couvrent de gloire. — 20 La révolte est le plus saint des devoirs. — 21 Faubourg Saint-Antoine. — 22 Tallien et Fréron.

5 *Juin.* Mort de Louis XVII. — 30 Madame la dauphine.

5 *Juillet.* Bonchamp contre les tricolores. — 13 Désordre et confusion. — 20 Hoche ; conseil de guerre. — 21 Paix avec l'Espagne. — 22 Trahison de Quiberon. — 27 Tallien, Quiberon.

2 *Août.* Loi infâme.

5 *Octobre.* Les suspects. — 8 Tallien et la montagne. — 26 La Convention est dissoute. — 27 Installation du Corps législatif.

1er *Novembre*. Établissement du Directoire. — 2 Total des massacres.

5 *Décembre*. Colonnes infernales. — 23 Seize milliards d'assignats.

1796. 12 *Janvier*. Emprunt forcé.

23 *Février*. Hoche et lâcheté.

9 *Mars*. Napoléon épouse Joséphine. — 10 Proclamation de S. M. Louis XVIII. — 15 Serment de haine à la mémoire de Louis XVI. — 18 Création de trois millions de mandats. — 22 Charette est fait prisonnier. 30 Il est fusillé. Napoléon prend le commandement de l'armée d'Italie.

11 *Avril*. Arbres de la liberté. — 14 Bataille de Millesimo. — 17 Peine de mort contre les partisans de la Constitution de 91.

13 *Mai*. Fonds secrets.

3 *Juin*. Tarbé flétrit les assemblées nationales.

18 *Juillet*. Banqueroute de trente-deux milliards.

2 *Octobre*. Peine de mort à tout inférieur. — 20 Fusillades.

4 *Novembre*. Création de conseils de guerre. — 10 Hoche *pacificateur*. — 13 Costume des représentants du *peuple*. — 15 Bataille d'Arcole. — 16 Mort du roi de Prusse. — 24 Exécution.

1797. 10 *Janvier*. Proclamation aux Polonais. — 13 Serment de haine à la royauté.

20 *Mars*. Le serment est exigé des électeurs.

16 *Mai*. Augereau s'empare de Venise.

23 *Juin*. Venise et Pologne. — 24 L'assassin Blahuet. — 27 Les loups et les jacobins.

31 *Juillet*. Théophilantropie, religion nouvelle.

27 *Août*. Lafayette mis en liberté.

4 *Septembre*. Le Directoire, coup d'état. — 16 Mort de Hoche. — 21 La loterie est rétablie.

16 *Octobre*. Spoliations et Boulay.

10 *Décembre*. Traitement du Directoire.

1798. 4 *Janvier*. Les Français envahissent la Suisse. — 18 Insurrection en Corse. — 23 Joseph Bonaparte entre aux Cinq-Cents. — 25 Morale, la gendarmerie, le bourreau ! — 31 M. Trion est fusillé.

2 *Février*. Lyon et Montpellier en état de siége.

16 *Mars*. Bergerac mis en état de siége. — 28 Saint-Etienne est mis hors la loi.

26 *Avril*. Traité avec Genève. — 29 On plante à Clèves l'arbre de la liberté. — 30 Lamarque fulmine contre la liberté de la presse.

6 *Mai*. M. de Beuville est fusillé. — 18 Départ de Bonaparte pour l'Égypte. — 26 Rupture avec l'Amérique. — Soixante-deux millions de déficit.

4 *Juin*. Périgueux et Limoges mis hors la loi. — 11 Prise de Malte.

1ᵉʳ *Juillet*. Les Français débarquent à Alexandrie. — 2 M. d'Ambert est fusillé. — 5 Provocation à la délation. — 6 Visites domiciliaires.

2 *Août*. Combat naval d'Aboukir. — 5 Saint-Elme est fusillé. — 6 Rochecotte est fusillé. — 15 Représentants du peuple. — 16 Neuf millions. — 21 Levée de 20 à 25 ans. Bernadotte. — 24 Bagne pour les déserteurs.

2 *Septembre*. Soulèvement à Malte. — 9 La Suisse succombe.

21 *Octobre*. Révolte au Caire

1ᵉʳ *Novembre*. 1,300,000 fr. de fonds secrets.

1, 2 *Décembre*. Décadence de la marine française.

1799. 5 *Février*. Le sel est imposé.

23 *Mars*. Le général Brassier à Andria.

10 *Avril*. Levées des deuxième et troisième classes. — 28 Le peuple de Milan secoue le joug.

6 *Juillet*. Le pape à Grenoble.

23 *Août*. Bonaparte quitte l'Égypte.

13 *Septembre*. Théroigne, héroïne tricolore. — 19 Bonchamp contre les tricolores.

9 *Octobre*. Bonaparte débarque à Fréjus.

9 *Novembre*. Bonaparte dissout les Cinq-Cents. — 11 L'armée vit de réquisitions.

11 *Décembre*. Victoire de Montefacco. — 13 Napoléon, premier consul.

Nota. Nous faisons un appel aux personnes qui voudraient bien nous signaler et nous communiquer des faits importants que nous aurions omis dans cette première publication, nous proposant d'en faire un supplément qui sera joint à l'*Histoire du Drapeau tricolore et de l'Empire.*

POUR PARAITRE EN FÉVRIER 1839.

L'Histoire du Drapeau tricolore et de l'Empire, faisant suite à celle-ci, sera publiée, non comme elle sous la forme d'éphémérides, mais bien par ordre chronologique, mode qui nous permettra de donner à tous les faits (qui seront rapportés avec leurs dates) tous les développements désirables, et d'éviter un grand nombre de répétitions.

Un fort volume in-8°. Prix, pour les souscripteurs, 2 fr., et par la poste, 3 fr.